Gina Ruck-Pauquèt

In jedem Wald ist eine Maus, die Geige spielt

52 und 1 Vorlesegeschichte

Mit Bildern von Sven Leberer

PATMOS

Gina Ruck-Pauquèt ist Psychologin und schreibt seit
vielen Jahren Bücher für Kinder.
Im Patmos Verlag ist zuletzt die Bildergeschichte
„Fränzchen, was machst du?" erschienen.

Sven Leberer illustriert seit 1994 Bilderbücher und
erzählende Literatur für Kinder. Er lebt mit seiner
Familie in der Nähe von Münster.

Die Deutsche Bibliothek – CIP-Einheitsaufnahme

In jedem Wald ist eine Maus, die Geige spielt / Gina Ruck-Pauquèt.
Mit Bildern von Sven Leberer. – Düsseldorf: Patmos, 2001
ISBN 3-491-37449-9

Nach der neuen Rechtschreibung

© 2001 Patmos Verlag GmbH & Co. KG, Düsseldorf
Alle Rechte, einschließlich derjenigen des auszugsweisen
Abdrucks sowie der fotomechanischen und elektronischen
Wiedergabe, vorbehalten.
Umschlag und Innenillustrationen: Sven Leberer
Satz: Fotosatz Moers, Mönchengladbach
Druck und Verarbeitung: Wiener Verlag, A-Himberg
ISBN 3-491-37449-9

Inhalt

In jedem Wald ist eine Maus, die Geige spielt
Vom Bären, der den großen Wald sucht
7

Im Zauberbaum
Maike möchte nicht Maike sein
13

*Krokodilslange Geschichten von Löwe, Elefant
und anderen Tieren*
Was die Tiere im kleinen Urwald erleben
23

Wenn der Mond auf dem Dach sitzt
Das kleine Nachtgespenst und die Maus Hannibal
47

*Die bedeutenden Erfindungen
des Herrn Bubbelkühm*
Flämmchens Vater ist ein Erfinder
63

Jump und Kater Timpeltamp, die Sternfahrer
Abenteuer mit Mompfen und Tränentieren
89

Wenn man klein ist und große Gedanken hat
Toby und seine Freunde
113

In jedem Wald ist eine Maus, die Geige spielt

In jedem Wald ist eine Maus, die Geige spielt

In einem sehr kleinen Wald wohnte einmal ein sehr kleiner Bär. Mit ihm lebten eine Maus, ein Eichhörnchen und ein Rabe. An sonnigen Tagen spielte die Maus auf einer winzigen Geige und der Bär tanzte dazu. Und nachts schliefen sie alle und schnarchten. Jeder in einer anderen Tonart.

Es hätte ruhig so bleiben können, denn es war sehr schön. Aber leider geschah etwas Unerwartetes: Der Bär wuchs. Zuerst wurde er nur ein kleines bisschen größer und das wäre ja nicht so schlimm gewesen. Aber dann wurde er noch ein bisschen größer und noch ein bisschen, und da war er schon ziemlich groß.

„Hör auf zu wachsen!", sagte die Maus. „Es wird eng im Wald."

„Ich kann nicht aufhören", entgegnete der Bär und machte ein unglückliches Gesicht.

Tatsächlich wuchs er wieder ein Stück.

„Du bist viel zu groß!", schimpfte das Eichhörnchen. „Wenn du hustest, wackeln die Bäume."

Und der Rabe flog nur noch in der Luft herum, weil unten kein Platz war.

„Es muss etwas geschehen!", jammerte die Maus. „Ich kann die Beine nicht mehr ausstrecken."

Aber der Bär wurde immer noch größer. Als er endlich aufhörte zu wachsen, war er so groß, dass er an allen Seiten aus dem Wald herausquoll. Und wenn es regnete, wurde sein Pelz nass.

„Du musst ausziehen", sagten die anderen Tiere.

Und der Rabe, der alles von oben betrachtete und daher einen Teil der Welt übersah, meinte: „Jenseits der Stadt liegt ein großer Wald. Dahin solltest du gehen."

Da küsste der Bär der Maus die Pfote, winkte dem Eichhörnchen und dem Raben zu und machte sich auf. Er ging sehr langsam. Und manchmal blieb er stehen und seufzte.

Die Spatzen, die in den Bäumen saßen, lachten über ihn. Spatzen sind oft albern.

Der Bär aber trottete weiter, bis er in die Stadt kam.

„Bitte, wo geht es zum großen Wald?", fragte er einen Mann mit einem Fahrrad.

„Guten Tag, Bär", entgegnete der Radfahrer höflich. „Steigen Sie auf!"

Da schwang sich der Bär hinten aufs Fahrrad und der Mann radelte los.

„Links ist der Fledermausturm", rief er, „und rechts der Krötenfluss! Ich zeige Ihnen die ganze Stadt."

Aber der Bär wollte die Stadt nicht sehen. So stieg er an einer Kreuzung unbemerkt ab. Der Polizist hielt alle Autos zurück, damit der Bär die Straße überqueren konnte. Die

9

Leute zogen die Hüte. Manche schüttelten dem Bären die Pranke. Einfach so, im Vorbeigehen.

„Wo geht es zum großen Wald?, fragte der Bär eine Frau.

„Oh", sagte die Frau, „wie schön Sie zu treffen!"

Sie hakte den Bären unter und nahm ihn mit zum Damenkränzchen. Da saß nun der Bär auf einem Plüschsofa mit Fransen. Es gab Buttercremetorte und Tee. Obwohl ein honiggelber Wellensittich fröhliche Lieder sang, war der Bär sehr unglücklich. Und aus der Tasse trinken konnte er auch nicht. So machte er sich vorsichtig auf die Tatzen und sprang aus dem Fenster hinaus. Er kletterte an einer Laterne hoch und schaute sich um. Den großen Wald konnte er nirgends entdecken.

„Hallo, Bär!", riefen ein paar Leute. „Sie sind eingeladen. Wir feiern ein Fest", und zerrten ihn mit.

Der Bär musste mit ihnen tanzen und die Musik spielte dazu. Alle waren fröhlich, nur der Bär nicht.

„Wo geht es in den großen Wald?", fragte er.

Doch die Leute lachten. Ein Mädchen steckte ihm eine Blüte ins Fell. Da pustete der Bär die Kerzen aus und machte sich in der Dunkelheit davon. Lange lief er durch die Straßen.

„Wo ist der große Wald?", rief er. „Wo ist der große Wald?"
Aber er bekam keine Antwort. Da wurde der Bär traurig. Er war der traurigste Bär der Welt. Und das will schon etwas heißen, denn auf der Erde gibt es mindestens hunderttausenddrei Bären.

Er setzte sich an den Krötenfluss und machte die Augen zu. Wenn man nämlich die Augen schließt, bleibt die Welt draußen und das ist manchmal sehr angenehm.

Im Krötenfluss schwamm der Mond. Vielleicht war es auch nur das Spiegelbild des Mondes. Und ein paar Sterne schwammen da auch, den einen schluckte ein Fisch.

Der Bär saß ganz still. Er bemerkte nicht einmal die Nachtfalter, die um seine Nase tanzten …

„Guten Abend, Bär!", rief da plötzlich jemand.

Es war ein kleiner Junge in einem Schlafanzug. Er hockte sich neben den Bären und spielte ein bisschen auf seiner Mundharmonika.

„Wohnst du hier?", fragte er dann.

„Nein", brummte der Bär. „Ich suche den großen Wald. Aber ich werde ihn niemals finden."

„Der große Wald ist nicht weit", sagte der Junge. „Bei der nächsten Laterne rechts, dann fünfundfünfzig Schritte links und immer geradeaus."

Da umarmte der Bär den Jungen. Ganz vorsichtig natürlich, denn Bären sind furchtbar stark und kleine Jungen ziemlich zerbrechlich.

„Ich danke dir!", rief der Bär. „Ich danke dir. Leb wohl!", und machte sich auf den Weg.

Als der Bär in den großen Wald kam, traf er ein Eichhörnchen und einen Raben.

„Es ist wie zu Hause", sagte der Bär und war sehr glücklich. „Aber gibt es auch eine Maus, die Geige spielt?"

„In jedem Wald gibt es eine Maus, die Geige spielt", entgegneten die beiden. „Man muss sie nur finden."

Da ging der Bär in den grünen, duftenden Wald hinein und begann zu suchen.

Im Zauberbaum

Maike will nicht Maike sein

Irgendwo unter uns lebt ein kleines Mädchen mit Strubbelhaaren und dünnen Beinen, das heißt Maike. Eigentlich ist Maike ein nettes, kleines Mädchen, aber sie ist immer unzufrieden.

Ob nun die Sonne scheint oder ob es regnet, ob die Vögel singen oder die Bäume sich im Wind wiegen – alles passt Maike nicht. Sie mag sich nämlich selber nicht leiden.

„Ich will nicht Maike sein!", sagt sie. „Warum bin ich Maike?"

Morgens geht Maike Milch holen. Da stellt sie die Milchkanne auf die Bordsteinkante und schaut den Spatzen nach. Wenn sie nur ein Spatz wäre! Plumps, hat der Dackel die Milchkanne umgeworfen!

Mittags spielt Maike im Garten. Da blühen die glutroten Rosen. „So schön sind sie", denkt Maike. Sie legt sich ins Gras und schaut zum Himmel empor. Da ziehen die weißen Wolkentiere. Weiter, immer weiter ziehen sie. „Sie sehen die ganze Welt", denkt Maike. „Wenn ich doch so eine Wolke wäre!"

„Maike!", ruft der Peter von nebenan.

Aber Maike gibt keine Antwort. Sie will nicht Maike sein! Da läuft Peter davon und tritt den Ball vor sich her.

„Wenn ich ein Junge wäre!", denkt Maike.

Abends möchte Maike ein Stern sein oder der Mond, der am Himmel schaukelt. Das tut er nämlich wirklich, wenn Maike abwechselnd das rechte und das linke Auge zukneift.

Dann muss Maike ins Bett.

„Was ist eigentlich los mit dir?", fragt die Mutter, als sie sich zu ihr setzt.

„Warum bin ich kein Riese?", fragt Maike.

„Weil du Maike bist", sagt die Mutter.

Damit gibt sich Maike nicht zufrieden.

„Warum bin ich kein Schmetterling?", will sie wissen.

„Weil du Maike bist", sagt die Mutter.

„Warum bin ich keine Prinzessin?", fragt Maike und ihre Stimme klingt schon ein bisschen müde.

„Weil du Maike bist." Die Mutter lächelt.

„Und warum bin ich ausgerechnet Maike?"

„Weil es so richtig ist", sagt die Mutter. „Stell dir vor, ich wäre ein Polizeioberleutnant."

Maike macht große Augen.

„Das geht doch nicht", sagt sie dann.

„Warum nicht?", fragt die Mutter.

„Weil du meine Mutter bist", sagt Maike.

„Na also!" Die Mutter zieht die Decke hoch, dann geht sie hinaus. Ein wenig versucht Maike noch nachzudenken. Aber dann fallen ihr die Augen zu. Wer weiß, vielleicht ist sie im Traum ein Riese, eine Prinzessin oder ein Schmetterling. Jedenfalls schläft sie ganz tief und lächelt.

Zum Beispiel eine Schwalbe

Als die Urlaubszeit kommt, fahren die Eltern mit Maike aufs Land. Die Kühe lernt Maike kennen, die Schafe, die Schweine, das Pferd und die Schwalben.

Rings um das kleine Dorf breiten sich weit die grünen Wiesen. Auf einer der Wiesen steht der uralte Baum.

„Es ist ein Zauberbaum", flüstert die dicke Magd. Mehr sagt sie nicht. Da nimmt Maike all ihren Mut zusammen. Zuerst geht sie dreimal um den Baum herum, dann tippt sie ihn vorsichtig mit der Fingerspitze an. Nichts geschieht.

„Baum", fragt Maike, „lässt du mich auf dich raufklettern?"

Da rauscht der Baum mit den Blättern. Aber heißt das nun ja oder nein? Maike klettert hinauf.

„Wirf mich nicht runter", bittet sie. „Ich tu dir ja nichts."

Kaum sitzt sie auf einem der dicken Äste, als sie Müdigkeit überkommt. Eine süße Müdigkeit ist es, die sie nie zuvor erlebt hat. Husch, fliegen die Schwalben über ihrem Kopf dahin.

„Eine Schwalbe möchte ich sein", denkt Maike.

Und im selben Moment ist sie eine Schwalbe. Glücklich fliegt sie dahin, die Flügel im Wind gebreitet, steigt dem blauen Himmel entgegen, hoch und höher.

Aber das alles dauert nicht lange. Dann ist etwas in ihr, das stärker ist als die Freude. Es ist das Wissen um eine Pflicht. Bald jagt Maike, die Schwalbe, hin und her. Sie fängt Fliegen und Käfer und trägt sie in den Kuhstall, wo die Jungen in ihrem Nest sie schreiend erwarten. Niemals werden sie satt. Jeder der aufgesperrten Schnäbel ist wie ein Abgrund, der nicht zu füllen ist.

Auch Maike hat Hunger. Aber vor allem ist sie müde. So müde fühlt sie sich, dass sie sich endlich für einen Augenblick auf die Fensterbank setzt, um auszuruhen.

Ist sie eingeschlafen? Plötzlich durchfährt sie ein furchtbarer Schreck. Etwas Riesiges ist vor ihr, kommt näher. Der bunte Kater lauert auf sie. Gleich wird er sie haben.

Maike, die Schwalbe, ist gelähmt vor Angst. Nichts kann sie tun, als sich fressen zu lassen. Schon sieht sie das Maul ihres Mörders, die spitzen Zähne.

Da schreit sie auf. Und im selben Augenblick ist sie wieder Maike, das Mädchen. Sie sitzt im Zauberbaum und alles ist gut.

Dass sie beim Abendessen auf eine Frage mit „piep" antwortet, ist übrigens weiter nicht aufgefallen. Eines steht jedenfalls fest – eine Schwalbe möchte Maike niemals sein!

Zum Beispiel ein Kater

Am anderen Tag weiß Maike genau, was sie will. Schon, als sie sich die Zähne putzt, weiß sie es.

„Wohin gehst du?", fragt die Mutter.

„Nur so", sagt Maike und schon ist sie fort.

„Guten Tag", flüstert sie dem Zauberbaum zu und streichelt seine Rinde.

Der Zauberbaum rauscht mit den Blättern und Maike klettert hinauf. Sie wartet ein Weilchen, bis sie müde wird, dann sagt sie es laut und deutlich: „Ich möchte der bunte Kater sein!"

Und schon hat sich ihr Wunsch erfüllt. Mitten im Gemüsegarten liegt Maike, der Kater, zwischen den dicken Salatköpfen und fühlt die Sonne auf seinem Fell. Er reckt sich und streckt sich und hört die Bienen summen. Er ist so glücklich, wie nur ein Kater in der Sonne sein kann.

Dann aber bewegt sich da plötzlich etwas. Maike springt auf. Geduckt schleicht er der grauen Maus nach. Wie ein Fieber ist das, was ihn packt. Er muss sie haben, die graue Maus!

Zwischen den Möhren windet er sich durch, zu den Kohlrabi. Dann setzt er zum Sprung an. Aber da ist die graue Maus ganz plötzlich in ihrem Loch verschwunden.

Maike, der Kater, ärgert sich. Er putzt sich ein wenig und hört seinen Magen knurren. So dreht er um und läuft zum Bauernhof hinüber. Aber kaum ist er ein Stück gelaufen, als er dem frechen Jungen begegnet. Der wirft einen Stein nach ihm. Maike macht einen Sprung und weicht aus. Er versteht das nicht. Nie hat er dem Jungen etwas getan. Schnell huscht er in die Küche. Die Bäuerin schneidet Zwiebeln, da muss Maike niesen. Aber, was noch viel schlimmer ist, niemand hat sein Schüsselchen gefüllt!

Und als er in den Stall hinüber will, quetscht ihm die Magd noch den Schwanz zwischen die Tür. Natürlich hat sie es nicht mit Absicht gemacht, aber deshalb tut es doch weh.

Im Stall findet Maike auch nichts. Kein Tröpfchen Milch. So läuft er wieder hinaus. Da sieht ihn der Hund. Beim Hund weiß man nie, wie man mit ihm steht.

„Wau!", bellt er jetzt und fängt an Maike zu jagen.
Mit langen Sätzen rennt Maike davon. Dann saust er den
kleinen Kirschbaum hinauf. Da sitzt er nun, mitten im Sonnenschein. Hunger hat er, traurig ist er auch. So traurig, dass
er schließlich ganz laut jammern muss.
„Miau!", weint er, „miau!"
Doch in diesem Augenblick ist Maike wieder das Mädchen
im Zauberbaum. Und das eine weiß sie nun: Es ist nicht
leicht, ein Kater zu sein!

Zum Beispiel ein Elefant

„Das ist alles nicht das Richtige", sagt Maike zu sich selbst,
als sie am nächsten Tag im Zauberbaum sitzt. „Etwas Mäch-
tiges müsste man sein! Etwas ganz und gar Gewaltiges!"
Und dann weiß sie es plötzlich! Zwei Atemzüge später ist

Maike ein Elefant. Riesig und grau schiebt sich der Elefant durch den Wald. Wie ein Berg auf Beinen ist er und dazu steckt er voller Übermut.

Knackend zertritt er das Unterholz. Unter seinen Schritten erbebt die Erde. Da laufen alle Tiere fort und Maike, der Elefant, würde am liebsten laut lachen, als er sie rennen sieht.

Aber Elefanten lachen nicht. Er hebt den Rüssel und pflückt sich die Spitzen der Bäume ab, weil die am süßesten schmecken. Er walzt mit seinen großen Füßen eine Schonung nieder, dann läuft er zum Teich.

Zuerst trinkt er. Dann spritzt er sich Wasser über den Rücken. Zum Schluss sprüht er mit dem Rüssel das Wasser ringsum in die Gegend.

Da werden viele kleine Tiere nass, die sich vor dem Elefanten versteckt haben. Und manche kriegen Husten.

Nun ist es aber nicht so, dass Maike, der Elefant, böse ist. Ganz und gar nicht. Er hat nur so furchtbar viel Kraft, dass er nicht weiß, was er damit anfangen soll. Eine Weile noch tobt er herum, dann wird es ihm langweilig. Er beginnt sich einsam zu fühlen.

„Komm runter", lockt er das Eichhörnchen, das im Baum sitzt.

Und als das Eichhörnchen vor lauter Angst nur noch tiefer ins Laub kriecht, wirft er einfach den ganzen Baum um. Doch glücklich ist er nicht dabei. Was soll er tun, wenn ihn niemand mag? So steht er verloren herum.

Inzwischen aber muss jemand im Dorf Bescheid gesagt haben. Vielleicht die Krähe. Da kommt der Bürgermeister mit der Flinte in den Wald. Der Elefant sieht ihn schon von weitem.

„Bum! Bum!", schlägt sein Herz vor Angst.

Es schlägt so laut, dass die Haselnüsse von den Sträuchern fallen. So laut schlägt es, dass im allerletzten Moment, noch

bevor etwas geschieht, Maike als Mädchen im Zauberbaum aufwacht.

„Uff!", sagt Maike. „Nein, es ist nicht gut, ein Elefant zu sein!"

Und sie läuft schnell nach Hause.

Zum Beispiel ein Kirschbaum

„Wohin gehst du nur immer?", fragt die Mutter Maike am Morgen.

„So rundherum", sagt Maike und sie macht eine große Handbewegung.

Und damit sie nicht gelogen hat, rennt sie einmal um das ganze Dorf. Atemlos kommt sie endlich beim Zauberbaum an.

„Guten Morgen", sagt sie. „Ich komm ein bisschen rauf."

Dann sitzt sie auf dem großen Ast und überlegt. Nein, ein Hund will sie nicht sein. Der Hund hat Flöhe und manchmal wird er an die Kette gelegt. Doch mit der Müdigkeit fällt ihr ein, was sie sich wünscht.

„Ich will der kleine Kirschbaum sein", sagt Maike.

Und schon fühlt sie, wie sich ein Baum fühlt. Wie mit Fingern streicht ihm der Wind durch die Blätter und die Sonne dringt durch seine Rinde und wärmt ihn ganz.

Gut geht es Maike, dem Baum, bis tief in seine Wurzeln hinab. Stolz trägt er die roten Kirschen. Das ist die Zeit, in der er am schönsten ist. Doch dann stört ihn plötzlich etwas. Ein dicker Käfer krabbelt an seinem Stamm empor. Das kitzelt. Am liebsten möchte der Kirschbaum eine seiner Wurzeln aus der Erde ziehen und sich damit kratzen. Aber das kann er nicht.

Und schon wird es noch schlimmer. Der Specht kommt und hackt ihn mit seinem spitzen Schnabel. Es ist wirklich nicht angenehm. Aber Maike, der Kirschbaum, vermag nichts dagegen zu tun.

Er muss stillhalten. Den Regen muss er über sich ergehen lassen und die Eichhörnchen, die sich so wild balgen, dass ihm ein Zweig abbricht.

Wenn er nur fortgehen könnte! Doch ein Baum muss bleiben. Die Maus wühlt sich heran und nagt an seinen Wurzeln, dass es schmerzt, und dann kommt der Vogelschwarm. Gierig fallen die Vögel über die Kirschen her. Nur dem Sturm gelingt es, sie zu vertreiben. Doch der Sturm ist selber ein Dieb. Er schüttelt den Baum und die Kirschen fallen wie Blätter im Herbst.

Als es endlich wieder still wird, ist Maike, der kleine Baum, zerzaust und jämmerlich. Tief ächzt er und auch die Sonne kann ihm nicht helfen.

Im Zauberbaum erwacht Maike, das Mädchen. Es ist ihr traurig ums Herz. Sie beschließt für immer alle Bäume lieb zu haben. Aber selbst möchte sie nie mehr ein Baum sein. Das weiß sie bestimmt.

Krokodilslange Geschichten
von Löwe, Elefant und anderen Tieren

Wie der Elefant den Löwen traf

Fern von hier, in einem Land, in dem es immer warm ist, gab es einmal einen wunderschönen, kleinen Urwald. Darin war ein Sumpfsee, auf dem Seerosen schwammen, und tausend Orchideen blühten zwischen den riesigen Affenbrotbäumen. Aber Affen gab es keine. Es waren überhaupt keine Tiere da. Bis eines Tages … Also, eines Tages, da kam von rechts ein Löwe in den Urwald. Und zur gleichen Zeit erschien von links ein Elefant. Der Elefant trug ein Glöckchen um den Hals.

„Entschuldigen Sie bitte", flüsterte er. „Ist da jemand?"

„Ja", brüllte der Löwe, der hinter einem Baum stand, „ich!"

„Oh!", hauchte der Elefant. „Es tut mir furchtbar Leid. Dann gehe ich wieder."

„Wenn du vielleicht etwas lauter sprechen könntest", meinte der Löwe. „Ich habe nämlich Watte in den Ohren."

„Verzeihung!", sagte der Elefant. Er kratzte sich mit dem Rüssel hinter dem rechten Ohr und sein Glöckchen klingelte.

„Wer bist du denn?", fragte der Löwe.

„Löwe", sagte der Elefant höflich, „siehst du mich nicht?"

„Nein", antwortete der Löwe. „Ich halte doch die Augen geschlossen. Ich bin nämlich ängstlich. Bitte lass mich laufen!"

„Wie du meinst", sagte der Elefant. „Aber ich tue dir nichts." Und er kam vorsichtig ein bisschen näher. „Ohrenschmerzen hast du auch?", fragte er mitleidig.

„Wegen der Watte?", sagte der Löwe. „Nein, es ist nur, weil ich so laut brülle. Ich erschrecke dann." Und dabei öffnete er vorsichtig ein Auge.

„Oh, bist du groß!", schrie er entsetzt, als er den Elefanten sah.

„Es tut mir sehr Leid", sagte der Elefant und senkte den Kopf. „Aber ich kann nichts dafür."

„Wenn du mir versprichst, dass du mich nicht frisst", sagte der Löwe, „können wir zusammen hier wohnen."

Und er sprang vorsichtshalber auf einen Ast.

„Ich verspreche es", sagte der Elefant.

Er aß sowieso nie Löwen.

So blieben sie beieinander. Der Löwe baute sich ein Nest im Wipfel eines Affenbrotbaumes und der Elefant grub sich eine Höhle. Manchmal ging er spazieren. Dann bimmelte sein Glöckchen. Er trug es, damit die kleinen Tiere weglaufen konnten, wenn er kam; denn er hatte ein zartes Gemüt und wollte auf keinen Fall einem Käfer auf die Füße treten.

Still und friedlich lebten der Löwe und der Elefant in ihrem Urwald. Wenn es Abend wurde und der Nachtwind den Löwen auf seinem Baumwipfel wiegte, holte der Elefant seine Mundharmonika und spielte ein Lied.

„Gute Nacht!", flüsterte er dann.

Und der Löwe brüllte: „Gute Nacht!"

Dann schliefen sie.

Das Krokodil ist wasserscheu

Eine Weile lebten der Löwe und der Elefant allein in ihrem kleinen Urwald. Dann aber kamen eines Tages noch andere Tiere dazu. Sie kamen aus den verschiedensten Ländern. Zuerst zog eine Eule ein.

„Oh, du grüner Bambus!", schrie der Löwe. „Sie wird mir nachts um den Kopf fliegen und mich zu Tode erschrecken!"

„Quatsch nicht!", keifte die Eule. „Ich schlafe nachts! – Guck mal!", schrie sie dann. „Ein Krikodol!"

Sie war ein bisschen dumm.

Ein Krokodil betrat den Urwald.

„Oh, wie schön!", flüsterte der Elefant. „Es muss hübsch sein, wenn ein Krokodil im Sumpfsee wohnt."

Das Krokodil aber schüttelte sich. „Ich werde nicht im Sumpfsee wohnen", piepste es. „Ich bin nämlich wasserscheu!"

„Verzeihung!", sagte der Elefant. „Es macht ja nichts."

Und tatsächlich wischte sich das Krokodil nur alle drei Tage die Augen mit einem Waschlappen aus.

Nach dem Krokodil erschienen die Pinguine. Es waren fünf oder sechs, genau konnte man es nicht feststellen, weil sie sich dauernd bewegten.

„Woher kommt ihr denn?", fragte die Eule.

„Vom Südpol", sagte der Oberpinguin. Und er hatte wahrhaftig noch ein bisschen Eis zwischen den Zehen. „Wir konnten die ewige Friererei nicht mehr ertragen."

Die anderen nickten bibbernd. Dann schlugen sie sich alle in eine Wolldecke ein und waren verschwunden.

Der Löwe hatte die ganze Zeit kein Wort gesagt.

„Elefant!", schrie er nun. „Glaubst du, dass jetzt alle da sind?"

„Ich hoffe, du hast dich nicht gefürchtet", sagte der Elefant. „Aber es sind lauter nette Leute."

„Besonders ich!", erklärte die Eule.

Und sie klappte die Augen zu und schnarchte, denn es wurde Nacht. Da holte der Elefant wie immer seine Mundharmonika und spielte. Und die Pinguine hockten sich rings um ihn und sangen dazu.

Plötzlich jedoch gab es einen furchtbaren Lärm. Der Löwe schloss beide Augen und stopfte sich die Watte noch tiefer in die Ohren.

„Jemand kommt", sagte das Krokodil.

„Ja, ich!", ertönte da eine Stimme und im Mondlicht stand ein Hase vor ihnen. Er hatte die Pfoten in die Seiten gestemmt und trug das eine Ohr ein wenig schräg. „Ich", wiederholte er, „der Kämpfer. Ich habe nämlich schon hundert Jäger besiegt!"

„'tschuldige bitte", lispelte der Elefant. „Bleibst du bei uns?"

„Ja!", entgegnete der Hase.

„Und warum?", fragte der kleinste Pinguin unhöflich.

„Weil ich euch beschützen werde!", sagte der Hase.

Da waren sie alle zufrieden.

Die Eule ist fort

Es war eine klare, helle Urwaldnacht. Der Elefant hatte den Tieren ihr Schlaflied auf der Mundharmonika gespielt und nun ging er nach Hause.

Der Löwe schnarchte im Wipfel des Affenbrotbaumes, die Pinguine hatten die Wolldecke um sich geschlungen und das Krokodil träumte von Eiscreme und leckte sich im Schlummer das Maul.

Da stieg groß und gelb der Mond auf. Ganz still stand der Elefant und lächelte ein wenig. Plötzlich aber hörte er Schluchzen.

„Wer weint denn da?", fragte er.

„Ich!", jammerte die Eule. „Ich kann nicht schlafen. Jetzt scheint die Sonne auch noch nachts!"

„Das ist doch nicht die Sonne", sagte der Elefant. „Es ist der Mond. Nun schlaf!"

„Ich kann aber nicht schlafen", greinte die Eule. „Vielleicht bin ich krank und habe die Grippe."

„Die Grippe hast du bestimmt nicht", meinte der Elefant. „Dein Kopf ist ganz kühl." Doch weil sich die Eule nicht beruhigen wollte, nahm er sie mit sich.

Eine Weile später machte der Hase seine Runde. Schließlich musste er die Tiere beschützen, vor Jägern, Ungeheuern und anderem Gesindel. Er hatte beide Ohren aufgerichtet und trug die Pfote zur Faust geballt.

„Oje!", sagte er plötzlich, „die Eule ist fort!" Dann schrie er, so laut er konnte: „Die Eule ist gestohlen worden!"

Da liefen das Krokodil und alle Pinguine herbei. Der Löwe aber zitterte, dass der Baum nur so ächzte. Und er tarnte sich mit Laub, damit er nicht auch noch gestohlen wurde.

„Vielleicht ist die Eule erfroren!", schrien die Pinguine und schlugen mit den Flügeln.

„Seid doch nicht albern!", fuhr der Hase sie an. „Es ist eine Urwaldhochsommernacht."

Das Krokodil war müde. Unlustig trottete es hinter den anderen her.

„Ich bin völlig unfrisiert", murmelte es. „Wenn mich bloß keiner sieht!"

„Löwe", rief der Hase, „hilf uns suchen!"

„Ich schlafe!", brüllte der Löwe und blinzelte mit einem Auge zwischen dem Laub hervor.

„Wir müssen ganz leise sein", sagte der Hase.

Da gingen sie alle auf Zehenspitzen. Nur das Krokodil rannte versehentlich gegen einen Baum und holte sich eine Beule am Kopf.

„Pst", sagte plötzlich der kleinste der Pinguine.

Da hörten sie das Elefantenglöckchen. Und als sie näher kamen, sahen sie, wie der große, graue Elefant durch den Urwald spazierte. Die Eule saß auf seinem Rüssel und schlief. Und der Elefant wiegte sie hin und her.

„Du immer mit deinen Ungeheuern!", knurrte das Krokodil.

„Na ja", sagte der Hase. „Man kann nicht vorsichtig genug sein!"

Dann gingen sie schlafen. Nur der Löwe blieb die ganze Nacht wach und passte auf, dass er nicht gestohlen wurde.

Die krokodilslange Geschichte

Wenn der Sommer vorbei war, kam die Regenzeit. Tag und Nacht tropfte es auf die Blätter der Affenbrotbäume, Woche um Woche. Da zogen alle Tiere in die Elefantenhöhle, denn die war trocken und groß.

Sogar der Löwe war von seinem Wipfel herabgeklettert und

hockte in einer Ecke. Und weil er sich immer noch ein bisschen fürchtete, hielt ihm der Hase die Pfote.

„Was sollen wir nur tun?", krächzte die Eule. „Es ist so langweilerisch!"

„Sprich doch nicht immer alles falsch!", brummte das Krokodil. „Das ist ja eine Plage!"

„Passt auf!", sagte der Hase plötzlich. „Wir veranstalten einen Wettbewerb. Jeder erzählt seine Geschichte. Und wer die schönste Geschichte hat, kriegt den Urwaldpokal."

Damit waren alle Tiere einverstanden. Der Elefant begann. Er erzählte, wie ihm seine Mutter das Glöckchen umgehängt hatte.

„Sei immer ein guter Elefant", hatte sie dabei gesagt, „dann wird dir auch nie etwas Böses geschehen."

Der Löwe betupfte sich die Augen mit dem Taschentuch.

„Meine Geschichte ist nicht so schön", sagte er. „Eines Tages nämlich, als ich durch die Wüste schritt, ist ein Heuschreck hinter mir hergelaufen."

Die anderen Tiere lachten.

„Da gibt es nichts zu lachen!", fauchte der Löwe. „Er hat mich gejagt und ich bin gerannt, ohne Atem zu holen. Bis ich hier ankam, bin ich gerannt. Ich bin mit gutem Grund so ängstlich!"

Die Eule erzählte eine verworrene Angelegenheit von einer Fludermaus, mit der sie befreundet war, und der Hase berichtete von seinen Kämpfen mit ungeheuren Ungeheuern. Dabei machte er den Tieren alles noch einmal vor. Er boxte in die Luft, dass der Löwe vorsichtshalber die Augen schloss.

Die Pinguine berichteten von ihrer Reise auf der Eisscholle und dass sie zu wenig belegte Brötchen mitgenommen hatten. Und als sie daran zurückdachten, zitterten sie so sehr, dass der Elefant den Rüssel um sie legte, um sie zu wärmen.

„Jetzt bist du dran, Krokodil!", sagte der Hase.

Und dann begann das Krokodil.

„Ich hatte eine Mutter", erzählte es, „die war ein wunderschönes Krokodil. Und mein Vater war auch ein wunderschönes Krokodil. Und mein Bruder war ein wunderschönes Krokodil. Und meine Schwester war ein wunderschönes Krokodil. Und meine Tante war ein wunderschönes Krokodil..."

Doch als es bei seiner Nichte zweiten Grades angekommen war, waren alle Tiere eingeschlafen. Unzählige Krokodile wanderten durch ihre Träume.

Als sie endlich wieder aufwachten, erzählte das Krokodil immer noch. Es war jetzt bei seiner Urururgroßmutter väterlicherseits.

„Na?", fragte es. „Ist meine Geschichte nicht die allerschönste? Oder soll ich sie euch noch einmal erzählen?"

Nein, da verliehen ihm die Tiere lieber den Urwaldpokal aus Affenbrotbaumrinde. So glücklich war das Krokodil, dass es ganz still wurde. Und das war sehr angenehm.

Die Pinguine halten sich die Ohren zu

Wenn die Regenzeit endlich vorüber war, ging es wie ein Aufatmen durch den kleinen Urwald. Die Blätter waren grün wie nie zuvor und die Pflanzen wuchsen und öffneten ihre Blütenknospen.

Der Löwe lag in der Sonne und streckte alle Beine in die Luft.

„Seht nur", kreischte die Eule und flatterte umher. „Die Ideen blühen!"

„Die Orchideen", berichtigte der Elefant sie höflich.

„Ach, vernäht und zugeflixt!", schrie die Eule. „Das ist doch egal!"

„Wie man es nimmt", meinte der Elefant und prustete sich mit dem Rüssel Wasser über den Rücken.

„Das ist überhaupt nicht egal!" Der Hase kam hinzu. „Die Eule sollte endlich lernen richtig zu sprechen!"

„Du hast eine Gabel schief!", krähte die Eule.

„Ich nehme an, du meinst meine Ohren, die man Löffel nennt", sagte der Hase. „Oh, es ist furchtbar!", seufzte er dann und schlug die Pfoten vor sein Hasengesicht.

„Wahrscheinlich ist die Eule nur zerstreut", meinten die Pinguine und stellten sich im Kreise auf.

„Oder dumm!", sagte der kleinste von ihnen.

„Ihr wäret besser da geblieben, wo ihr hergekommen seid!", schimpfte die Eule, „am Südpo!"

Und über den Südpo musste das Krokodil so lachen, dass es überhaupt nicht mehr aufhören konnte.

„Du dummes Krikodol!", rief die Eule. „Überhaupt", fügte sie hinzu, „der einzige anständige Mensch ist der Elefant. Der hat mich auf seinem Rassel getragen."

„Rüssel bitte", sagte der Elefant sanft. Sein Glöckchen klingelte dazu.

„So geht es nicht weiter", erklärte der Hase. „Löwe!", rief er,
„komm mal her!"
„Der sitzt auf seinem Abendrotbaum und guckt in den Hum-
mel", sagte die Eule.
Da hielten sich alle Pinguine die Ohren zu und liefen fort.
„Ich habe Appetit auf Makkaroni mit Tomatensoße!", rief der
Löwe. „Was ist denn eigentlich los?"
„Die Eule soll richtig sprechen lernen", erklärte der Hase.
„Ich spreche richtig!", schrie die Eule und hüpfte auf einem
Bein herum. „Ich verstehe, was ich sage!"
„Wenn man es sich richtig überlegt", meinte der Elefant, „so
sollte man sie in Ruhe lassen. Warum kann nicht jeder tun,
was ihm Spaß macht?"
„Eben!", sagte die Eule. „Schließlich spielst du auch Schnauz-
harmonika, wenn du elefantenfröhlich bist!"
Da mussten alle Tiere lachen. Die Eule aber steckte sich eine
Orchidee ins Gefieder und flog immer im Kreis herum.
„Ich bin eine Ideeneule!", schrie sie dazu. „Schaut nur, wie
schön ich bin!"
„Da kann man nichts machen!", sagte der Hase.
Er zitterte noch ein wenig mit den Schnurrbarthaaren, dann
gab er auf.

Die Hasenwache

Morgens, wenn die Sonne den kleinen Urwald hell machte, wachten die Tiere auf. Der Löwe reckte sich und streckte sich und gähnte mindestens eine halbe Stunde lang.

Die Pinguine schüttelten die Wolldecke aus, die Eule zupfte sich die Federn und der Elefant putzte sich die Zähne.

Das Krokodil war morgens muffig. Es brummte und knurrte, am besten ließ man es ganz in Ruhe.

Der Hase aber war immer sehr munter. Er sprang auf einen Baumstumpf und erzählte den Tieren, wovor er sie in dieser Nacht beschützt hatte.

„Drei Ungeheuer waren da", erzählte er, „ein dicker Babschiluki, verschiedene Bamdihukis und noch andere gefährliche Gesellen. Und ich habe sie alle verprügelt!", rief er und hob die Pfoten.

Da waren ihm die Tiere sehr dankbar.

„Der arme Hase", sagte der Elefant manchmal, wenn er am Wasser stand und mit seinem Spiegelbild sprach. „Keine Nacht kommt er zur Ruhe!"

Und er überlegte sich, dass er, der so groß und stark war, den Hasen eigentlich einmal ablösen sollte.

„Aber es muss eine Überraschung sein", sagte er.

Und in der nächsten Nacht ging er los, so leise er konnte. Damit sein Glöckchen nicht klingelte, hielt er es mit dem Rüssel fest. Die Hasenwache fand am Ausgang des Waldes statt. Aber als der Elefant dahinkam, lag der Hase auf einem Bett aus Blütenblättern und schlief.

„Der Arme", dachte der Elefant. „Jetzt ist er vor Erschöpfung eingeschlafen."

Und er hielt die Nachtwache. Aber anstatt der Ungeheuer kam nur der Nachtwind. Die Bäume rauschten und der Löwe schnarchte, dass man es bis hierher hörte.

Da spielte der Elefant den Sternen ganz leise etwas auf seiner Mundharmonika vor. Stunde um Stunde verging und nichts geschah. Dann drang das erste Licht durch die Bäume und der Tag war da. Weil nun nichts mehr geschehen konnte, schloss der Elefant die Augen und schlief ein.

„He, du!", hörte er plötzlich. Der Hase rüttelte ihn wach.

„Guten Morgen", sagte der Elefant höflich.

„Das war eine Nacht!", seufzte der Hase. „Sei froh, dass du geschlafen hast! Mindestens dreizehn Babschilukis waren da und ein Maxibobo obendrein. Aber ich habe dich beschützt!"

„Ich danke dir", sagte der Elefant. „Ich danke dir wirklich sehr!"

Und er pflückte eine lila Orchidee und schenkte sie dem Hasen. Still schritt er durch den kleinen Urwald davon.

Den ganzen, langen Tag hat der Elefant gelächelt und niemand wusste, warum.

Der große Sturm

Es war in aller Früh. Die Pinguine machten gerade Morgengymnastik.

„Fünf, acht, zwei, drei!", kommandierte die Eule.

Das Krokodil schaute zu und gähnte achtzehnmal.

„Uuaah!", heulte da plötzlich der Löwe. „Uuh-Uhh-Ahh!"

„Was hast du denn?", rief der Hase zum Affenbrotbaum empor und legte die Ohren über Kreuz. Das tat er immer, wenn er besonders angriffslustig war. „Hat dir einer was getan?"

„Nein!", schluchzte der Löwe jämmerlich. „Ich habe so schlimm geträumt. Ich habe geträumt, dass ein großer Sturm kommt und mich ganz und gar vernichtet."

„Mach dir nichts draus!", schrie die Eule. „Du bist schon immer ein Fürchtemichlöwe gewesen!"

„Alle Tiere haben ihre Fehler!", sagte der Elefant mit erhobenem Rüssel. „Der Löwe ist ein lieber Löwe!"

Der Tag verging und nichts Besonderes geschah. Am Abend aber zogen dunkle Wolken auf. Besorgt schauten die Tiere zum Himmel empor, doch keines sagte ein Wort.

In der Nacht kam dann der Sturm. Zuerst wachte die Eule auf.

„Oh!", schrie sie. „Der Sturm windet los! Ich muss den Angstlöwen beschützen!"

Sie flog zum Affenbrotbaum und hielt ihn mit dem Schnabel fest, damit er nicht umfiel. Es dauerte nicht lange, da kam auch der Hase. Seine Löffel wehten im Wind. Er stemmte die Pfoten gegen die Rinde.

„Wenn ich da bin, kann nichts passieren!", schrie er, ohne Furcht zu zeigen.

Dann erschienen die Pinguine, der Elefant und sogar das Krokodil. Mit aller Kraft hielten sie den Baum. Und der Baum fiel wahrhaftig nicht um.

Dafür aber segelte mit einem Mal, als der Sturm einen besonders kräftigen Puster machte, das Löwennest zur Erde herunter. Und das Löwennest war leer!

„Löwe!", schrie der Elefant. „Wo bist du?"

Und er bimmelte, so laut er konnte, mit seinem Glöckchen.

„Er ist fortgeflogen!", jammerte die Eule.

„Quatsch!", sagte das Krokodil. „Er hat keine Flügel und einen Hubschrauber hat er auch nicht."

Sie ließen den Baum los und starrten sich an.

„Die Jäger!", sagte der Hase dumpf.

„Wie sehen sie denn aus?", fragten die Pinguine.

„Oh!", sprach der Hase. Er legte eine Pfote über seine Augen und schwieg.

„Miau!", klang es da kläglich aus dem Lianengebüsch.
Heraus kroch der Löwe, zerzupft und zerzaust und mit ge-
schlossenen Augen.
„Ehem!", sagte der Hase. „Wir wollten dich beschützen."
„Das ist lieb von euch", schnurrte der Löwe. „Ich bin nur vor-
sichtshalber schon vorher fortgelaufen."
Dann gab er allen Tieren die Pfote, trug sein Nest in den Wip-
fel des Baumes zurück und schlief augenblicklich ein.

Kampf gegen die Jäger

Eines Tages war das Krokodil in den Teich gefallen. Eigentlich hatte es selbst Schuld, denn das Krokodil war sehr eitel.
Es wollte im Wasser sein Spiegelbild betrachten und hatte
sich zu weit vorgebeugt. Natürlich hatte es Zeter und Mor-
dio geschrien, aber es war auch im Nu wieder an Land. Noch
am Abend hat das Krokodil gejammert.
Wenn die Sonne tief stand, trafen sich die Tiere und erzählten sich von ihren großen und kleinen Erlebnissen.

„Ich habe einen Pantoffel verloren", sagte der Löwe, „es ist mir unverständlich!"

Der Elefant hatte eine Blume gefunden, die wie ein Stern aussah; ein Pinguin hatte ein Loch im Frack und die Eule behauptete, das Krokodil habe ihr auf den Fuß getreten.

„Was zählt das schon!", heulte das Krokodil. „Mich haben die Fluten verschlungen!"

Aber jeden Abend zu einer ganz bestimmten Zeit wurde der Hase unruhig.

„Ich muss mich aufmachen", sagte er dann, „die Jäger besiegen. Bleibt ihr nur ruhig da."

Die Tiere kannten das schon. An diesem Abend aber hatte die Eule einen Einfall.

„Wir sollten das Krikodol auf andere Gedanken bringen", sagte sie. „Wir folgen heimlich dem Hasen und schauen dem Kampf zu!"

Der Elefant hielt nicht viel davon, aber die anderen Tiere waren dafür. Außer dem Löwen natürlich. Der schlich dann auch als Letzter hinterher, den Bauch immer dicht auf der Erde.

Schon von weitem hörten sie Schläge und Schreie. Und als sie näher kamen, sahen sie etwas sehr Komisches. Es war die Zeit, wenn die Bäume lange Schatten werfen. Und diese Schatten bekämpfte der Hase. Er sprang von einem zum anderen und verdrosch sie mit einem Prügel. Dazu schrie er aus vollem Hals: „Kampf den Jägern!"

Die Tiere schauten sich an und mussten sich das Lachen verbeißen. Sogar das Krokodil. Dann wurde die Dämmerung dichter und dichter und endlich schluckte die Dunkelheit die Schatten auf.

„Gesiegt!", schrie der Hase da und vollführte einen wilden Tanz.

Ganz leise zogen sich die Tiere zurück. Als endlich der Hase erschöpft nach Hause kam, da benahmen sie sich wie immer. Sie sagten nicht, dass sie die Jäger nun kannten.

„Mindestens fünfzig!", hechelte der Hase.

„Ja, ja", nickten die anderen.

Und der Elefant nahm seine Mundharmonika und spielte ein Schlaflied.

Die Hatschiritis ist es nicht

Alle Tage im kleinen Urwald sind schön. Aber einmal war ein Tag besonders schön. Der Wind war ganz still und Millionen Blumen dufteten herb und süß.

Sogar das Krokodil sang ein Lied an diesem Tag. Es handelte von einer Krokodiltante, die Krokodilschwanzschoner strickte.

Alle Tiere waren vergnügt. Nur der ganz kleine Pinguin weinte. Er weinte bitterlich und wollte gar nicht wieder aufhören. Die Pinguine machten ihm einen Halswickel, einen Bauchwickel und einen Fußwickel, aber nichts half.

„Warum weinst du denn?", fragte der Elefant und beugte sich tief zu dem kleinen Pinguin hinab.

„Hu!", heulte er. „Hu!", und sonst sagte er nichts.

„Hast du dir vielleicht in die Hosen gemacht?", brüllte der Löwe.

„Nein!", schluchzte der kleine Pinguin.

„Hast du die Hatschiritis?", fragte die Eule besorgt.

„Den Schnupfen meint sie!", warf der Hase ein.

„Nein!", schluchzte der kleine Pinguin.

„Tun dir die Ohren weh?", erkundigte sich der Elefant.

„Nein!", schluchzte der kleine Pinguin.

„Hast du vielleicht Zahnschmerzen?", fiel es dem Hasen ein.

„Ja!", schluchzte der kleine Pinguin.

Aber das sagte er nur, weil er nicht immer Nein sagen wollte. Und was Zahnschmerzen waren, das wusste er gar nicht.

„Mund auf!", befahl der Hase. „Aber", rief er dann, „der hat ja gar keine Zähne!"

„Pinguine haben nie Zähne", erklärte der Oberpinguin.

Da schauten sich die Tiere hilflos an und berieten miteinander.

„Ich glaube, er ist nur einbildungserkrankt", sagte die Eule.

Der Hase rührte eine Salbe an und schmierte den kleinen Pinguin damit ein und das Krokodil tupfte ihm mit seinem Waschlappen die Augen ab.

„Bestimmt ist er ansteckend!", schrie der Löwe voller Angst. Er nahm drei Vorbeugungstabletten.

Der Elefant aber dachte lange nach.

„Vielleicht", meinte er dann leise, „tut seine Seele weh. – Kleiner Pinguin", fragte er, „Woran denkst du?"

„An Eis!", schluchzte der kleine Pinguin. „Und an Schnee."

Da senkten die anderen Pinguine die Köpfe und begannen auch zu schluchzen.

„Sie haben Nachhauseweh!", schrie die Eule, „Eis- und Schneeweh!"

„Wollt ihr heim?", fragte der Elefant.

Die Pinguine nickten.

„Wir kommen bald wieder", versprachen sie. „Aber wir müssen nachsehen, ob das Eis noch da ist."

Da bürstete die Eule ihnen die Fräcke aus, das Krokodil brachte Blumen, der Löwe winkte mit dem Taschentuch und der Hase sang zur Mundharmonika des Elefanten „Auf Wiedersehen".

Ja, und dann waren die Pinguine fort. Wo der ganz kleine Pinguin gesessen hatte, war eine winzige Pfütze aus Tränen.

Die fünfundzwanzigste Kusine

Manchmal war der Löwe traurig.

„Niemals besucht mich jemand!", brüllte er dann. „Immer sitze ich hier oben allein!"

„Ich habe wenig Zeit", sagte der Hase.

Und das Krokodil erklärte, dass ihm auf Bäumen immer schwindlig würde.

„Ich kann leider nicht hinauf", sagte der Elefant. „Es tut mir Leid. Nur meine Mundharmonikalieder kann ich dir schicken."

So entschloss sich die Eule, den Löwen manchmal zu besuchen. Dann saßen sie zusammen im Löwennest und plauderten.

„Warum kommst du denn nicht öfter herunter auf die Bodenerde?", fragte die Eule.

„Ach", brummte der Löwe, „hauptsächlich wegen der Ameisen. Mich hat nämlich einmal eine gestochen. – Flattere nicht immer über meinem Kopf herum!", brüllte er dann. „Ich kriege Angst!"

„Aber Löwe", kreischte die Eule, „schließlich bin ich eine Flügelperson. Ich kann nicht immer stillsitzen. – Soll ich dir ein Geheimnis erzählen?", fragte sie dann.

„Brumm!", sagte der Löwe.

„Das Krikodol benimmt sich vollkommen unkrikodolisch", sagte die Eule. „Es ist so durcheinander gestreut, dass es sich heute dreimal gewaschen hat!"

Die anderen Tiere hatten es auch schon gemerkt.

„Ist was mit dir?", fragte der Hase das Krokodil.

„Ja", sagte das Krokodil. „Ich habe etwas vergessen. Wenn ich nur wüsste, was es ist! Ich muss mich auf den Rücken legen und nachdenken. Seid alle ganz still!"

Da blieb der Elefant auf einer Stelle stehen, damit sein Glöckchen nicht bimmelte; die Eule steckte den Schnabel in ihre Federn und der Hase wagte kaum zu atmen.

Nur der Löwe hatte leider den Schluckauf. Da konnte man nichts machen.

„Oh! Beim grundgütigen Kroko!", schrie das Krokodil endlich auf. „Ich weiß es!"

Alle Tiere zuckten zusammen.

„Was ist es denn?", fragte der Hase.

Und die Eule kreischte: „Sag es schnell! Ich kriege sonst die nervöse Flatteritis!"

„Tja", erklärte das Krokodil, „das ist nämlich so: Als ich wegging, habe ich mich bei allen verabschiedet. Nur bei meiner fünfundzwanzigsten Kusine nicht!"

„Und deswegen", schrie der Löwe, „hick – machst du so ein Theater?"

Er hatte immer noch den Schluckauf.

„Da du kein Krokodil bist", sagte das Krokodil, „weißt du auch nichts von krokodilischen Familienverhältnissen. Ich muss hin!"

Da gingen alle Tiere mit ihm bis an das Ende des Waldes.

„Hick!", brüllte der Löwe zum Abschied. „Kommst du wieder?"

„Aber ja", versprach das Krokodil. „Ich sage meiner Kusine nur Auf Wiedersehen, dann bin ich gleich wieder da. Vergesst mich nicht!"

„Bestimmt nicht", sagten die Tiere. „Auf bald!"

Was reimt sich auf Flitschelflabel?

Jedes Tier hatte seine Lieblingsbeschäftigung. Wenn der Löwe mutig genug war, vom Baum zu steigen, ließ er Blätter auf dem Teich schwimmen. Der Hase schlug Purzelbäume und wollte dabei bewundert werden und der Elefant lauschte dem Gewisper der Gräser und Blumen.

Die Eule aber dichtete. Sie dichtete zwar erst neuerdings, aber dafür umso heftiger. Zuerst saß sie lange still, eine Kralle an der Stirn, dann flatterte sie plötzlich los und verkündete vom obersten Wipfel des höchsten Affenbrotbaums:

„Die Welt wär voller Langeweile – wenn ich nicht wär, die weise Eule!"

Da stopfte sich der Löwe noch mehr Watte als gewöhnlich in die Ohren. Aber er hörte die Eule trotzdem.

Die Eule hüpfte dem Elefanten auf den Rücken. Der Elefant galt als das geduldigste Tier von allen.

„Bibel, bubel, Beule –", schrie die Eule, „die Welt gehört der Eule! – Elefant", sagte sie dann, „ich brauche neue Wörter!" Vor lauter Aufregung pickte sie ihn mit dem Schnabel auf den Rücken. Das kitzelte den Elefanten so sehr, dass er vor lauter Lachen ein Bein nach dem anderen in die Luft warf.

„Was reimt sich auf Flitschelflabel?", fragte die Eule den Hasen.

Der aß gerade Bambusspitzensalat. Fast verschluckte er sich. „Weiß ich nicht", sagte er dann.

„Du bist nicht intel", sagte die Eule. „Ich meine, telli", verbesserte sie sich.

„Du meinst wohl intelligent", kam ihr der Elefant höflich zur Hilfe.

„Und auf Flitschelflabel reimt sich ‚Halt den Schnabel!'", brüllte der Löwe.

„Du bist nicht liebenswürdig", sagte die Eule. „Aber ich verzeihe dir, weil du kein Dichter und Denker bist."

Plötzlich verstummte die Eule. Sie dachte nach.

„Glaubt ihr, dass ihr eine Weile ohne mich leben könnt?", fragte sie endlich. „Ich möchte ein bisschen wegfliegen und neue, gewaltige Wortwörter suchen."

„Passt du auch gut auf dich auf?", fragte der Elefant.

„Nicht nur gut", versprach die Eule, „besser!"

„Na ja!", brüllte der Löwe. „Vielleicht lernt sie irgendwo richtig sprechen!"

Da zupfte sich die Eule drei Federn aus und schenkte sie dem Löwen, dem Elefanten und dem Hasen.

„Auf Wiedergucken!", rief sie. „Und weint nicht um mich!"

„Nein, nein!", sagten die Tiere.

Und sie dachten, dass ihnen die Stille für eine Weile gut tun würde.

Es ist wie früher

Eines Tages fing der Hase mit der Rennerei an.

„Was machst du?", fragte der Elefant.

„Hundertmeterläufe!", rief der Hase.

Er sauste von links nach rechts und von rechts nach links, so rasch, dass der Elefant den Kopf nicht schnell genug nach ihm wenden konnte.

„Es ist nämlich so", schnaufte der Hase endlich und setzte sich auf die Hinterläufe. „Ihr wisst, dass ich voller Kraft bin. Nun habe ich alle Ungeheuer verjagt und nichts mehr zu tun."

„Und was jetzt?", fragte der Löwe und kratzte sich hinter dem Ohr.

„Am besten, ich schaue mich ein wenig in der weiteren Umgebung um", sagte der Hase. „Ihr seid ja groß und stark, es wird euch nichts geschehen. Ich bin auch bald wieder da."

So blieben der Löwe und der Elefant allein zurück.

„Komm ein bisschen runter!", sagte der Elefant.

Doch als der Löwe den halben Baumstamm heruntergeklettert war, hielt er inne.

„Passt du auch auf mich auf?", fragte er.

„Aber ja!", versprach der Elefant. „Nun komm schon!"

Dann räumten sie den kleinen Urwald auf. Sie ordneten das Lianengestrüpp und fegten die welken Blätter zusammen. Der Löwe staubte mit seinem Schwanz die Baumstämme ab, und weil die Staubwolken so groß und dicht waren, sah er für ein paar Sekunden den Elefanten nicht mehr.

„Hilfe!", schrie er. „Ich bin verlassen und allein!"

„Hier bin ich doch", sagte der Elefant. „Ich verlasse dich nie!"

Da vergaß der Löwe seine Angst und umarmte den Elefanten.

Den ganzen Tag arbeiteten die beiden im kleinen Urwald. Und zum Schluss war der kleine Urwald sauber und der Löwe und der Elefant waren schmutzig.

„Glaubst du, dass die anderen Tiere sich freuen, wenn sie wiederkommen?", fragte der Löwe.

„Ganz bestimmt!", antwortete der Elefant.

Sie wuschen sich ein bisschen im Seerosenteich und bespritzten sich mit Wasser.

Dann stieg der Löwe auf seinen Baum und der Elefant ging noch ein wenig spazieren.

Bald kam der Abend. Da spielte der Elefant seinem Freund, dem Löwen, auf seiner Mundharmonika vor.

„Wie früher ist es", sagte der Löwe. „Du und ich allein – das ist auch schön!"

Da wurde der Elefant ganz rot vor Freude, denn er hatte den Löwen sehr lieb.

Wenn der Mond auf dem Dach sitzt

Jemand wird selbstständig

Heute ist der letzte Tag in der Nachtgespensterschule.

„Also", sagt der große Nachtgespensterlehrer, „wir wollen noch einmal wiederholen. Zuerst das Geheul!"

„Schuhu!", jammern da die Nachtgespensterschüler. „Schuhuhu!"

Dabei sehen sie den Lehrer mit großen Augen aufmerksam an. Die jungen Nachtgespenster gleichen einander sehr. Nur eines unter ihnen ist ganz besonders klein.

„Kratzen und Scharren!", befiehlt der Lehrer. „Türenquietschen", sagt er dann. „Schlurfen."

Das kleine Nachtgespenst ist folgsam wie alle anderen auch. Aber in Wirklichkeit gruselt ihm tief innen ein bisschen. So unheimlich sind die Geräusche!

„Wenn das nur niemand merkt", denkt das kleine Nachtgespenst. Denn, dass es einem Nachtgespenst gruselt, das darf natürlich auf gar keinen Fall vorkommen.

„Und zum Schluss wollen wir alle mit den Ketten rasseln", befiehlt der Lehrer.

Da rasselt und scheppert und klirrt es und alle Nachtgespenster sehen ganz fröhlich aus. Das kleine Nachtgespenst aber kriegt eine Gänsehaut. „Ich bin einfach kein richtiges Nachtgespenst", denkt es. „Was soll nur aus mir werden?"

Dann ist die letzte Schulstunde zu Ende und die jungen Nachtgespenster brechen auf, jedes an den Ort, an dem es in Zukunft arbeiten soll. Keines der Gespensterchen kennt die Welt. Sie alle sind aus dem Dunst einer Novembernacht entstanden, mit der Nebelmilchflasche aufgezogen worden und dann in die Schule gekommen.

„Träumst du?", fragt der Lehrer das kleine Nachtgespenst. „Du musst nach Burghausen. In der Burg auf dem Berg sollst du wohnen. Nun mach dich auf den Weg!"

Da geht das kleine Nachtgespenst auf Zehenspitzen in die Dunkelheit hinaus. Manchmal flattert es auch ein bisschen. Immer aber hält es mit zwei Fingerspitzen seine Kette hoch, damit sie nicht klirrt. Denn Kettenklirren ist das unangenehmste Geräusch, das das kleine Nachtgespenst sich vorstellen kann.

Ein Käuzchen flattert vorbei.

„Bitte", fragt das kleine Nachtgespenst, „wo geht es nach Burghausen?"

„Geradeaus", sagt das Käuzchen, „dann links und rechts und wieder geradeaus."

„Danke schön", sagt das kleine Nachtgespenst höflich. Es macht furchtsam große Bogen um die Bäume, und als es einem Hasen begegnet, sagt es vorsichtshalber: „Entschuldigung!"

Dann endlich hat es den Ort erreicht. Es ist ein kleiner Ort und die Burg auf dem Berg ist geradezu winzig.

„Nun bin ich zu Hause", sagt das kleine Nachtgespenst, „da kann ich endlich schlafen!"

„Was denkst du dir?", hört es da eine Stimme. „Hier wohne ich!"

„Wer bist du?", fragt das kleine Nachtgespenst.

„Ich bin Hannibal, der Mäuserich", sagt die Stimme. „Mich verjagst du nicht!"

Da setzt sich das kleine Nachtgespenst auf die Stufen der Burg und weint.

„Wohin soll ich denn?", schluchzt es verzweifelt. „Oh, ich fürchte mich!"

„So was!", staunt Hannibal. „Ein Nachtgespenst, das sich fürchtet! Na, dafür bin ich eine mutige Maus. Vielleicht passen wir ganz gut zusammen. Bleib hier. Es ist Platz für uns beide."

So zog das kleine Nachtgespenst in die Burg ein. Und Hannibal, der Mäuserich, wurde sein Freund.

Gespenster dürfen sich nicht fürchten

Seit ein paar Tagen wohnt das kleine Nachtgespenst in Burghausen. Wenn es hell ist, schläft es in der Burg und nachts sitzt es mit Hannibal, dem Mäuserich, zusammen und Hannibal erzählt von seinen Heldentaten.

„Einmal habe ich die Katze so erschreckt, dass sie drei Tage Schluckauf hatte!"

„Hi!", lacht das kleine Nachtgespenst. „Was ist das überhaupt, eine Katze?", fragt es dann.

„Eine Katze sind hundert spitze Zähne, zwei Glühaugen, vier Springpfoten und um das Ganze ist Fell herum", erklärt Hannibal.

„Kleines Nachtgespenst", meint er dann, „wäre es nicht Zeit, dass du anfängst ein wenig zu spuken?"

„Ich glaube, ja", sagt das kleine Nachtgespenst und nickt schuldbewusst.

So macht es sich in dieser Nacht auf und flattert in den Ort. Manchmal läuft es auch ein Stückchen. Aber vor lauter Angst sind seine Knie so weich wie Pudding. Groß und dunkel liegen die Häuser. Nein, dahin wagt sich das kleine Nachtgespenst nicht!

„Schuhu!", ruft es einmal aus großer Entfernung.

Aber das klingt so schaurig, dass das kleine Nachtgespenst gleich wieder still ist. Vorsichtig huscht es um den Ort herum. Da sieht es die Hundehütte. Es ist eine sehr kleine Hundehütte, also kann auch nur ein winziges Hündchen darin sein.

„Gerade recht für den Anfang", denkt das kleine Nachtgespenst. Es steigt auf das Dach der Hütte und ordnet die Falten in seinem Nachtgespenstnachthemd. Dann holt es tief Luft und beginnt zu seufzen und zu jammern.

Aber kaum hat es richtig angefangen, da schießt ein Hund aus der Hütte, der so groß ist, dass das kleine Nachtgespenst seinen Augen nicht traut. Entsetzt flattert es davon. Aber wohin es auch flüchtet, der Hund folgt ihm. Er keucht und japst dabei, dass es grauenvoll anzuhören ist.

„Warum willst du mich denn unbedingt fressen?", ruft das kleine Nachtgespenst endlich atemlos. „Ich bin doch so klein und außerdem bin ich aus Dunst gemacht!"

„Wer sagt denn, dass ich dich fressen will!", knurrt der Hund. „Ich bin hier der Wachhund. Ich muss hinter jedem her, der flieht! Wenn du stehen bleibst, tue ich dir nichts."

Da bleibt das kleine Nachtgespenst in einiger Entfernung vorsichtig stehen.

„Wieso passt du überhaupt in die winzige Hütte?", fragt es.

„Ich rolle mich zusammen", sagt der Hund. „Das ist doch ganz einfach." Er kratzt sich mit der rechten Hinterpfote hinter dem linken Ohr und ist ein bisschen verlegen. „Wenn du mir einen Gefallen tun willst", sagt er, „dann verrate keinem, dass ich geschlafen habe. Ich bin nämlich hier der Wachhund, wie gesagt."

„Ja", antwortet das kleine Nachtgespenst, „das verstehe ich schon. Und bitte, erzähl du niemandem, dass ich mich vor dir gefürchtet habe. Ich bin nämlich das neue Nachtgespenst. Und Nachtgespenster dürfen sich nicht fürchten."

Da nicken sie beide mit den Köpfen und versprechen zu schweigen. Und ihr Versprechen haben sie gehalten.

Hannibal ist verschwunden

Das kleine Nachtgespenst und Hannibal, der Mäuserich, leben friedlich miteinander in der Burg. Sie erzählen sich gegenseitig ihre Erlebnisse. Wenn der eine Bauchweh hat, kocht der andere ihm Tee. Richtig gute Freunde sind sie!

Eines Morgens aber, als das kleine Nachtgespenst nach Hause kommt, ist Hannibal nicht da.

„Er wird schon kommen", denkt das kleine Nachtgespenst. „Sicher ist er einer Käserinde begegnet."

Für eine Käserinde vergisst Hannibal alles ringsum. Auch die Zeit. Als aber der Mäuserich am Abend immer noch nicht wieder in der Burg ist, wird das kleine Nachtgespenst unruhig.

„Ich muss ihn suchen", denkt es.

Sogleich macht es sich auf den Weg. Am Lindenbaum trifft es den Kater Pampel. Der putzt an seinem Fell herum.

„Hast du Hannibal gesehen?", fragt das kleine Nachtgespenst.

„Hannibal?", sagt Pampel mit großen Augen. „Nein."

Bauz, der Kater, sitzt auf einem Gartenzaun.

„Hast du vielleicht Hannibal gesehen?", fragt das Nachtgespenst.

Bauz wischt sich mit der Pfote über die Nase. „Bestimmt nicht!", brummt er.

Auf dem Rand des Brunnens hockt der Kater Niko.

„Hast du etwa Hannibal gesehen?", fragt das kleine Nachtgespenst.

„Nein", sagt Niko und vertieft sich wieder in sein Spiegelbild im Wasser.

Da flattert das kleine Nachtgespenst durch den Ort und sucht überall. In den Briefkästen sucht es, zwischen den Blumen, hinter den Fensterläden und in den Kohlköpfen.

„Hannibal!", ruft es. „Hannibal, wo bist du?"

Und da, mit einem Mal scheint es ihm, als höre es von irgendwo her eine winzige, piepsende Stimme. Hannibal muss im Haus des alten Tobias sein!

Durch alle Zimmer huscht das kleine Nachtgespenst.

„Hannibal!", ruft es leise. „Wo bist du?"

„Hier!", piepst Hannibal plötzlich ganz nahe.

„Wie kommst du denn da hinein?", fragt das kleine Nachtgespenst, während es sich bemüht den Brotkasten zu öffnen.

„Hier sind Zuckerplätzchen!", piepst Hannibal. „Das heißt, hier waren Zuckerplätzchen", verbessert er sich. „Und auf einmal ist der Kasten zugeklappt."

Im selben Augenblick springt der Brotkasten auf. Aber weil das einen ziemlichen Knall gibt, steht plötzlich der alte Tobias da.

„Huch!", schreit er, als er das kleine Nachtgespenst sieht, und er hält sich die Augen zu.

„Ich tue dir doch nichts", sagt das kleine Nachtgespenst.

Aber leider können die Erwachsenen die Nachtgespenstersprache nicht verstehen. So bleibt dem kleinen Nachtgespenst nichts übrig, als eilig zu verschwinden. Und mit ihm verschwindet Hannibal.

Seit dieser Nacht aber glaubt der alte Tobias, dass Nachtgespenster Zuckerplätzchen stehlen.

Jeden Abend Hühnerbraten

So etwas ist in Burghausen noch nie passiert: Ein Hühnerdieb geht um! Seit gestern ist die gute, braune Henriette verschwunden, die jeden Tag ein Ei legte.

„Mein bestes Huhn!", jammert Frau Meierling. „Oh, welches Unglück!"

Hannibal, der Mäuserich, erzählt es dem kleinen Nachtgespenst.

„Ich habe die Fußspuren des Verbrechers gesehen", sagt er. „Der hat mindestens Schuhgröße achtundvierzig!"

„Ein Riese!", stammelt das kleine Nachtgespenst und in der nächsten Nacht bleibt es vor lauter Angst zu Hause. Es zieht sich die Decke über den Kopf und versucht nicht daran zu denken. Aber schlafen kann es auch nicht.

„Schließlich bin ich das Nachtgespenst", denkt es, „und alles, was im Dunkeln passiert, geht mich an."

Am nächsten Morgen ist Tusnelda nicht mehr da.

„Sie war mein schönstes Huhn", weint Frau Fix. „So weiß wie ein frisch gefallenes Schneeflöckchen!"

Hannibal erzählt dem kleinen Nachtgespenst davon.

„Ich werde eingreifen!",
sagt das kleine Nacht-
gespenst entschlossen.
„Wenn mir etwas passie-
ren sollte – vergiss mich
nicht."
Und der Mäuserich nickt
ernsthaft mit dem Kopf.
Als es dunkel wird, flattert das
kleine Nachtgespenst los. Zuerst
zieht es ein paar große Kreise um
das Dorf, dann wagt es sich näher heran.
Die Häuser liegen still in der Dunkelheit. Nur die Bäume
flüstern leise miteinander. Schwarz ist der Himmel.
„Sogar der Mond und die Sterne haben mich verlassen",
denkt das kleine Nachtgespenst. Es fürchtet sich sehr.
Da, plötzlich hört es ein leises Hühnergegacker. Vom Stall
des alten Tobias kommt das Geräusch. Vorsichtig schleicht
das kleine Nachtgespenst näher heran. Eine dunkle Gestalt
verlässt den Stall, den Hut tief ins Gesicht gezogen. Unter
dem Arm trägt der Mann Ottokar, den bunten Hahn.
Ein Riese ist der Dieb eigentlich nicht. Er trägt nur Schuhe,
die ihm viel zu groß sind und die ihm an den Füßen schlap-
pen. Trotzdem weiß das kleine Nachtgespenst nicht, was es
nun tun soll. Auf jeden Fall aber will es Ottokar retten. So
folgt es dem Verbrecher auf Schritt und Tritt.
Der Hühnerdieb geht zufrieden brummend auf den Wald zu.
Unter dem wilden Kirschbaum lässt er sich nieder und beginnt ein Feuer zu schüren.
Das kleine Nachtgespenst sitzt auf einem Ast und schaut
hinab.
„Er macht ein Feuer, um Ottokar zu braten!", wird es ihm
plötzlich klar.

Und so ist es auch.

„Jeden Abend Hühnerbraten!", kichert der Mann. „Das nenne ich mir ein feines Leben!"

In seiner Verzweiflung zupft das kleine Nachtgespenst eine Kirsche ab und steckt sie in den Mund. Da fällt ihm etwas ein. Es spuckt den Kirschkern haargenau auf den dunklen Hut unter ihm.

„He!", knurrt der Dieb. „Das ist wohl so ein Eichhörnchen! Warte nur, ich drehe dir auch den Hals um!"

Da hat das kleine Nachtgespenst furchtbare Angst. Aber dann überwindet es sich und spuckt weiter. Beim dritten Kirschkern guckt der Mann nach oben.

„Hilfe!", schreit er, als er die unheimliche Gestalt im Baum sieht.

Und weil er sowieso ein schlechtes Gewissen hat, lässt er Ottokar los und rennt, so weit ihn seine Füße tragen. Vielleicht rennt er immer noch. Jedenfalls ist in Burghausen nie wieder ein Huhn gestohlen worden.

Mit nachtgespenstergroßen Augen

„Ich kann meine Zahnbürste nicht finden", sagt das kleine Nachtgespenst zu Hannibal, dem Mäuserich.

„Hm!", brummt Hannibal und zieht sich die Decke über die Ohren.

Suchend flattert das kleine Nachtgespenst umher.

„Hast du sie nicht gesehen?", fragt es.

„Nein", sagt Hannibal. „Sei nicht so huscherig!"

„Aber wenn ich meine Zahnbürste nicht finde, kann ich mir die Zähne nicht putzen!", jammert das kleine Nachtgespenst.

„Kleines Nachtgespenst", sagt Hannibal, „ich habe den ganzen Tag genagt. Ich möchte nun schlafen!"

„Nie kann man mit dir reden", beklagt sich das kleine Nachtgespenst. „Dabei hätte ich so viele Fragen!"

Es hockt sich auf Hannibals Bett und guckt ihn mit nachtgespenstergroßen Augen an.

„Wo ist zum Beispiel der Mond, wenn er weg ist?"

„Er schläft", seufzt Hannibal.

„Und was macht die Eule am Tage?"

„Sie schläft", sagt Hannibal müde.

„Warum sind die Bäume immer so still?", will das kleine Nachtgespenst wissen.

„Sie schlafen", antwortet Hannibal und schließt die Augen, zuerst das linke und dann das rechte.

„Hannibal", quengelt das kleine Nachtgespenst, „warum bist du so ekelhaft?"

„Ich schlafe!", knurrt Hannibal ganz leise.

Das kleine Nachtgespenst zupft ein bisschen an seiner Decke herum, aber das hilft nicht. Da hat es einen großartigen Einfall.

„Guten Abend, Kater Purr!", sagt es ganz laut.

Mit einem Satz ist Hannibal, der Mäuserich, aus dem Bett und schon sitzt er oben auf dem Kleiderschrank.

„Wo?", ruft er.

„Was?", fragt das kleine Nachtgespenst scheinheilig.

„Wo ist das krallentatzige Ungeheuer?"

Man sieht ihm an, dass er Angst hat.

„Das hab ich doch bloß so gesagt", erklärt das kleine Nachtgespenst. „Aus Langeweile."

„Du bist ein ganz ungezogenes Flatternachthemd!", brüllt Hannibal. „Ich will dich nie mehr sehen!"

„Ich dich auch nicht!", schreit das kleine Nachtgespenst. Dann geht es zornig fort.

„Hannibal ist nichts als ein grauer Pelzmantel ohne Seele", denkt es. Vor lauter Wut spukt es in dieser Nacht in Burghausen, dass den Leuten im Schlaf die Zähne klappern. „Nie mehr gehe ich zurück!", denkt das kleine Nachtgespenst. „Nie mehr!"

Es jammert und heult und rüttelt an den Fensterläden. Aber nach einer Weile wird es langsam müde. Es setzt sich in den Fliederstrauch und wird ganz still.

„Ich bin ein armes, kleines Nachtgespenst", denkt es. „Einsam und verlassen. Und nirgendwo gehöre ich hin."

Traurig flattert es davon, weiter und immer weiter. Da merkt es plötzlich, dass es vor der Burg angekommen ist.

„Ich will mich bloß noch verabschieden", denkt es. „Dann gehe ich für immer!"

Hannibal sitzt auf den Eingangsstufen.

„Kleines Nachtgespenst!", sagt er.

„Hannibal!", sagt das kleine Nachtgespenst. „Oh Hannibal!"

„Ich habe solche Sehnsucht nach dir gehabt!", sagen sie wie aus einem Mund.

Da wissen sie, dass sie zusammengehören. Und alles ist wieder gut.

Anemonenblüte und gelber Schmetterling

„Jetzt habe ich einen ganzen Monat Nacht für Nacht gespukt", sagt das kleine Nachtgespenst zu Hannibal, dem Mäuserich. „Ich mache Ferien."

„Und was willst du tun?", fragt Hannibal.

„Ich schaue mir alles an", sagt das kleine Nachtgespenst.

Es streicht sein Nachtgespenstnachthemd glatt und flattert los. Zuerst stellt es fest, dass der Mond ein paar Flecke hat.

„Na ja", denkt es, „er ist ja auch schon alt!"

Es unterhält sich mit den Nachtfaltern, den Leuchtkäfern und dann trifft es den Kater Pampel.

„Was machst du?", mauzt der Kater Pampel.

„Ich mache Ferien", sagt das kleine Nachtgespenst. „Ich schaue mir alles an."

„Alles siehst du doch nicht", sagt der Kater. „Es gibt Dinge, die sind nur am Tage. Schau dir die Anemone an. Bei Nacht ist sie immer geschlossen. Du wirst nie in das Innere ihrer Blüte blicken. Auch den gelben Schmetterling wirst du nicht treffen."

„Die Anemonenblüte und der gelbe Schmetterling", seufzt das kleine Nachtgespenst.

Er huscht nach Hause und erzählt die Sache Hannibal, dem Mäuserich.

„Das ist doch ganz einfach", piepst Hannibal. „Bleib tagsüber auf, dann wirst du beides sehen."

„Au ja!", schreit das kleine Nachtgespenst und macht vor Freude einen Luftsprung.

Es setzt sich auf den Ast eines Kirschbaumes, ganz im Laub versteckt, und wartet auf den Tag. Aber kaum hebt sich das Licht in der Ferne, da fallen dem kleinen Nachtgespenst die Augen zu und es schläft ein. Am nächsten Morgen versucht es noch einmal wach zu bleiben und am übernächsten auch.

Aber es gelingt ihm nicht. Nach einem uralten Nachtgespenstergesetz wirkt die Helligkeit auf Nachtgespenster nämlich geradeso wie Schlaftabletten auf Menschen.

Da wird das kleine Nachtgespenst traurig. Es setzt sich in der Dunkelheit neben die Anemone und schaut sie lange an. Auf einmal weint es eine Träne und die fällt der Anemone genau auf den Kopf.

Nun weinen aber Nachtgespenster sozusagen nie. Es ist also geradezu ein Wunder. Und darum geschieht es wohl auch, dass die Anemone ihre Blüte öffnet.

„Oh", sagt das kleine Nachtgespenst glücklich.

Aus der tiefblauen Anemonenblüte hebt sich ein gelber Schmetterling. Er fliegt dem kleinen Nachtgespenst dreimal um die Nase, dann schwebt er davon, bis er in der Dunkelheit verschwunden ist.

Die Nachtgespensterversammlung

Eines Abends liegt eine silberne Karte auf den Stufen der Burg.

„Einladung zur Nachtgespensterversammlung", steht darauf. „Mit Ball."

„Hurra!", freut sich das kleine Nachtgespenst. „Aber wie sehe ich nur aus!", sagt es dann zu seinem Freund, dem Mäuserich Hannibal. „So kann ich nicht hingehen!"

„Wenn ich dich ein bisschen ausbürste", meint Hannibal, „und du dir ein paar blaue Blumen ans Nachthemd steckst, bist du wunderschön."

„Glaubst du?", fragt das kleine Nachtgespenst und wendet den Kopf ab, weil es rot wird.

Hannibal nickt. So macht sich das kleine Nachtgespenst auf

nach Schloss Kunkelmunkel. Denn da findet die Versammlung statt.

Es ist die unheimlichste Burg weit und breit. Neunundneunzig Nachtgespenster flattern umher. Die meisten kennen einander schon.

„Huiii!", begrüßen sie sich.

Sie trinken Nebelwein, essen Nachtschattengewächssalate und Fliegenpilzsteaks und lassen es sich gut gehen.

„Und nun", sagt dann der Nachtgespenstoberredner, „wollen wir das Nachtgespenst des Jahres wählen. Tretet vor und erzählt von euren Heldentaten!"

Da drängen sich die Nachtgespenster und sie schnattern alle durcheinander.

„Ich habe den Nachtwächter so erschreckt, dass er die Laterne hinfallen ließ!", ruft das eine.

„Meinetwegen ist der dicke Wirt in den Schuhschrank gekrochen!", schreit ein anderes.

„Durch mich ist dem Pastor die Brille von der Nase gefallen!"

„Ich habe es geschafft, dass drei Familien ausgezogen sind!"

„Bei mir zu Haus hat jeder eine Gänsehaut, wenn es Nacht wird!"

„Wo ich wohne, tragen die Katzen dunkle Brillen und Watte in den Ohren!"

Und so übertrumpft ein Nachtgespenst das andere. Nur das kleine Nachtgespenst schweigt.

„Und du?", fragt schließlich der Nachtgespenstoberredner. „Hast du gar nichts erlebt?"

„Och", sagt das kleine Nachtgespenst bescheiden. „Ich habe einmal ein Pferd erschreckt. Das war, weil ich auf seinem Rücken saß."

„Waaas?", fragt der Nachtgespenstoberredner fassungslos. Dann wendet er sich an die anderen Nachtgespenster und fragt: „Wer hat es je gewagt, auf dem Rücken eines Pferdes zu sitzen?"

Alle schweigen.

„Aber …", hebt das kleine Nachtgespenst an und es will erzählen, dass es ja eigentlich nur darum auf dem Rücken des Pferdes gesessen hat, weil es auf einem Baum eingeschlummert und dann heruntergefallen ist, genau auf das Pferd.

Doch man lässt es nicht mehr zu Wort kommen.

„Hiermit bist du zum Nachtgespenst des Jahres ernannt!", ruft der Oberredner. Er schenkt ihm eine echt goldene Klirrekette und alle Nachtgespenster toben vor Begeisterung.

Ja, und dann beginnt der Ball und es gibt kein Nachtgespenst, das nicht mit dem kleinen Nachtgespenst tanzen will. So dreht es sich bis zum Morgengrauen zur Käuzchenmusik. Müde und glücklich macht es sich endlich auf den Heimweg.

Die bedeutenden Erfindungen
des Herrn Bubbelkühm

Die Erfindung des neuen Jahres

Herr Bubbelkühm, der Erfinder, lebt ganz bescheiden im Hinterhaus. Seine Tochter Flämmchen mit den blumenstängeldünnen Beinchen und dem kleinen Strohhut lebt bei ihm. Und dazu noch der Kater Mollibum.

Morgens zieht Herr Bubbelkühm seine Erfinderhosen an, dann beginnt er zu arbeiten. Viele großartige Dinge hat er schon erfunden: eine Buchseitenumdrehmaschine und sogar einen künstlichen Hund. Heute aber ist Herr Bubbelkühm traurig, denn es will ihm gar nichts Neues einfallen.

„Mach doch mal viereckige Seifenblasen", meint Flämmchen.

Doch, so viel sich Herr Bubbelkühm auch bemüht, die Seifenblasen werden alle rund. Da lässt er sie im Zimmer umherschweben.

„Ach", seufzt er und schaut zum Fenster hinaus.

Als er sieht, wie die Leute frieren, beschließt er einen Warmluftpuster zu bauen. Zum Mitnehmen, wenn man spazieren geht!

Flämmchen schaut zu. Sehr schön wird der Warmluftpuster, aber leider wird er auch ziemlich groß und so ist er nicht recht praktisch.

„Heute will mir nichts gelingen", sagt Herr Bubbelkühm, „und dabei ist der Tag schon fast zu Ende."

Ein bisschen bunten Schnee erfindet er noch und rotbackige Plastikäpfel.

„Äpfel, die man nicht essen kann, sind blöd", sagt Flämmchen.

Da stützt Herr Bubbelkühm seinen Kopf in die Hände und denkt in sich hinein.

„Warum ist es eigentlich so still?", fragt er plötzlich.

„Ich weiß es!", ruft Flämmchen. „Das alte Jahr geht zu Ende."

„Und wenn es zu Ende gegangen ist?", fragt Herr Bubbelkühm erschrocken. „Ich muss ein neues Jahr erfinden! Und
das schnell!"

Er dreht ein bisschen an seiner Erfindermaschine und überlegt.

„Ein Jahr besteht aus Frühling, Sommer, Herbst und Winter",
grübelt er.

Für den Frühling fächelt er die Seifenblasen oben in den
Trichter hinein, für den Sommer pustet er fünf Pfund warme
Luft hinterher, die Plastikäpfel sind für den Herbst und aus
dem bunten Schnee soll ein richtiger Winter werden.

„Achtung!", schreit Herr Bubbelkühm und stellt die Maschine an.

Flämmchen sitzt vorsichtshalber oben auf dem Schrank.

Es knurrt und zischt, dann entsteht eine riesige Wolke und
zum Schluss gibt es einen furchtbaren Knall.

Weit reißt Herr Bubbelkühm das Fenster auf. Da läuten
draußen die Glocken und die Nacht ist hell vom Feuerwerk.

„Es ist gelungen!", schreit Flämmchen. „Das neue Jahr ist da!
Und mein Papa hat es erfunden!"

„Hoffentlich wird es ein gutes Jahr", sagt Herr Bubbelkühm.

Was Erfinder alles erfinden

Im Frühling ist Herr Bubbelkühm immer besonders aktiv.
Da fallen ihm die Erfindungen ein, als wären sie Bälle, die
ihm jemand zuwirft und die er nur auffangen muss.

An diesem Tag soll er eigentlich eine Beifallmaschine bauen.
Das ist nämlich so: Der Herr Dumpf ist der schlechteste
Sänger in der Stadt, weil er immer Dur mit Moll verwech-
selt, aber er möchte auch einmal Beifall haben. Es klatscht

nie jemand, wenn der Herr Dumpf singt, und das ist natürlich sehr traurig. Aber die Leute kann man auch verstehen, denn der Sänger hat außerdem einen Knick im hohen C.

Flämmchen backt Pfannkuchen.

„Die eine Seite ist fertig!", ruft sie. „Papa, dreh mal um!"

Herr Bubbelkühm dreht den Pfannkuchen um, dann erinnert er sich wieder, dass er seinen Kragenknopf verloren hat, und er entwickelt schnell eine Kragenknopfsuchmaschine. Die rennt schnüffelnd am Boden herum und sucht.

„Der nächste Pfannkuchen ist fertig!", ruft Flämmchen. „Papa, dreh mal um!"

Der Herr Bubbelkühm dreht den Pfannkuchen um, dann arbeitet er weiter an der Beifallmaschine. Plötzlich aber fällt sein Blick auf Mollibum. Er schnarcht!

„Der arme Kater", sagt Herr Bubbelkühm. „Er ist nur darum so erschöpft, weil er dauernd Mäuse fangen muss!"

Und blitzschnell bastelt er eine Mäusefangmaschine. Sie sieht aus wie eine große Hand, die auf kleinen Füßen daherläuft.

„Wenn sie eine Maus wittert, greift sie zu", erklärt Herr Bubbelkühm.

„Dreh doch mal um", sagt Flämmchen. „Noch ein Pfannkuchen."

Der Herr Bubbelkühm dreht den Pfannkuchen um, und während er wieder an der Beifallmaschine arbeitet, überlegt er, ob er nicht grüne Butter erfinden soll.

„Dreh mal um!", hört er da die Stimme seiner Tochter.

„Jetzt ist es mir zu dumm!", sagt der

Herr Bubbelkühm. „Ich erfinde einen Pfannkuchenwender! Und zwar sofort!"

Und weil er sehr begabt ist, hat er es nach knapp einer Stunde geschafft. Die Pfanne wirft die Kuchen hoch in die Luft und die Kuchen drehen sich auch.

Nur leider fallen sie nicht in die Pfanne zurück. Einer landet auf dem Kaktus, einer klebt an der Decke und ein anderer legt sich ins Bett.

„Das ist eine Kleinigkeit", sagt Herr Bubbelkühm.

In dem Augenblick öffnet sich die Tür und der Herr Dumpf erscheint. Nun liegt es wahrscheinlich daran, dass der Herr Dumpf das Unglück geradezu anzieht. Jedenfalls saust ihm zuerst die Kragenknopfsuchmaschine zwischen die Füße, dann packt ihn der Mäusefänger am Bein, und als der Sänger den Mund zu einem Schrei aufreißt, klatscht ihm ein Pfannkuchen mitten ins Gesicht. Wie vom Affen gebissen jagt er davon. Im selben Moment aber legt die Beifallmaschine los. Wie mit tausend Händen klatscht sie hinter dem Künstler her.

Eine Sekunde lang blicken sich Flämmchen und Herr Bubbelkühm stumm in die Augen. Dann halten sie sich die Bäuche vor Lachen. Und rings um sie her segeln Pfannkuchen durch die Luft.

Er baut eine Gymnastikmaschine

Einmal kommt ein dicker Manager zum Herrn Bubbelkühm. Das Sofa knackt, als er sich niederlässt.

„Was ich brauche", seufzt er, „ist Sport!"

„Ja", sagt Herr Bubbelkühm zerstreut, denn er erfindet eben eine selbst fädelnde Nähnadel.

„Vielleicht Fußball", schlägt Flämmchen höflich vor.

„Dumme Göre!", brummt der Manager. „Siehst du denn nicht, dass ich mich nicht bewegen kann?"

Da schiebt sich Flämmchen beleidigt den Strohhut über die Augen.

„Man müsste", meint der Manager, „eine Maschine bauen, die mit mir Gymnastik treibt."

„Also gut", sagt Herr Bubbelkühm, „ich will es versuchen."

Denn schließlich braucht er Geld, um die Miete zu bezahlen. Lange sucht er Schrauben und Hebel, Drähte, Eisenstücke und Rohre zusammen. Dann beginnt er zu bauen. Jeden Tag wird die Maschine gewaltiger. Wie ein großer Metallaffe sieht sie aus.

„Pass auf", sagt Herr Bubbelkühm, „ich muss sie nur noch einstellen."

Aber er hat noch nicht ganz zu Ende gesprochen, da greift der Metallaffe zu und macht mit dem Erfinder Zwangsgymnastik. Auf, ab, auf, ab! Zehn Kniebeugen – Arme hoch und runter und den Kopf gedreht! Aber das ist noch nicht alles. Herr Bubbelkühm rollt auf dem Bauch herum, springt in die Luft und fährt auf dem Rücken liegend Rad. Und das alles unfreiwillig. Endlich hält die Maschine an.

„Uff!", keucht Herr Bubbelkühm. „So weit ist alles in Ordnung. Sie ist nur ein bisschen empfindlich. Eigentlich müsste sie warten, bis man sie eingestellt hat."

Aber selbst, nachdem er drei Schrauben ausmontiert, bleibt die Maschine, wie sie ist. Wer ihr zu nahe kommt, muss Gymnastik machen, ob er will oder nicht.

Flämmchen kommt an die Reihe und sogar der arme Mollibum. Dabei ist er der gelenkigste Kater weit und breit und hätte es gar nicht nötig, Rad zu fahren.

Eines Morgens zwingt der Gymnastikmacher sogar den Hauswirt in die Knie.

„Ich will die Miete!", schreit er, während er auf dem Kopf steht. „Das sind Gangstermanieren!"

Aber endlich geht ihm die Luft aus und er ist ganz still.

Natürlich ist Herr Bubbelkühm heilfroh, als der Manager seine Maschine holt. Flämmchen hat nämlich schon vier Pfund abgenommen vor lauter Turnen. Sorgsam steckt er das Geld in eine Tasche seiner Erfinderhose, dann trägt er dem Kunden den Gymnastikmacher vorsichtig bis in den Flur.

Er hat kaum die Tür geschlossen, da geht es auch schon los: Ächzend und stöhnend wird der Manager bewegt.

„Papa", sagt Flämmchen. „Ich glaube, es ist besser, wir entfernen uns eine Weile."

Und so klettern Herr Bubbelkühm, Flämmchen und Mollibum zum Fenster hinaus in den Hinterhof. Da legen sie sich auf die kleine Wiese und schauen den Wolken nach.

Der frei schwebende Schirm

Die ganze Zeit hat die Sonne geschienen. Kein Wölkchen war am Himmel und der Sommerwind schlief. Heute aber, als Herr Bubbelkühm und Flämmchen einkaufen gehen, regnet es.

„Halt mal den Schirm", sagt Herr Bubbelkühm.

Aber Flämmchen hat in der rechten Hand eine Tüte mit fünfundzwanzig Orangen, in der linken Hand eine Tasche mit Ölsardinen, Kaugummi, Schrauben und Eis am Stiel und unter jedem Arm trägt sie ein Brot.

„Ich kann nicht", erklärt sie. „Nimm du ihn."

Doch weil Herr Bubbelkühm einen Sack voll Erfinderzutaten und außerdem drei Gläser mit sauren Gurken schleppt,

hat auch er keine Hand mehr frei. So bleibt der Schirm geschlossen an Herrn Bubbelkühms Mantelgürtel hängen und
der Erfinder und seine Tochter werden pitschenass.

„So!", sagt Herr Bubbelkühm, als sie endlich zu Hause sind,
„das ist mir nur einmal passiert!"

Er setzt sich in die Badewanne und denkt nach.

An diesem Abend erfindet er den frei schwebenden Schirm.
Es ist eine großartige Erfindung, aber leider hat sie ihre
Schattenseiten. Doch davon weiß Herr Bubbelkühm jetzt
noch nichts. Er hat Batterien, einen Propeller und einen
Magneten in seinen Schirm eingebaut.

Als er am nächsten Tag mit Flämmchen auf die Straße geht,
schwebt der Regenschirm über ihren Köpfen, ohne dass sie
ihn zu halten brauchen. Alle Leute staunen. Manchen bleibt
direkt der Mund offen stehen.

Dann aber sind plötzlich die Wolken fort und die Sonne

scheint. Doch als Herr Bubbelkühm nach seinem Regenschirm greifen will, um ihn zu schließen, weicht der aus. Und so sehr sich Flämmchen und ihr Vater auch bemühen – sie können den Schirm nicht fassen. Das sieht natürlich ziemlich komisch aus, wie der Schirm da im Sonnenschein über ihren Köpfen schwebt. Aber weil Herr Bubbelkühm ein berühmter Mann ist, wagen die Leute nicht zu lachen.

Als Flämmchen und ihr Vater wieder ins Haus gehen, bleibt der Schirm vor der Tür. Flämmchen kann so wilde Luftsprünge machen, wie sie will – sie erwischt ihn nicht. Da gibt sie es auf.

Sooft sie aus dem Fenster schauen, sehen sie den Regenschirm. Er schwebt draußen über dem Hauseingang und wartet. Sobald aber einer von ihnen hinausgeht, kommt er mit. Sogar Mollibum beschirmt er, obschon der Kater ganz nervös davon wird.

Alle Tage scheint die Sonne. Aber der Schirm schwebt beim Einkaufen über ihnen, auf allen Spaziergängen und sogar im Schwimmbad. Und so geschickt sie es auch immer wieder versuchen – anfassen lässt er sich nie.

Einmal schleichen sie zum Hinterausgang hinaus. Aber schon surrt der Schirm um die Ecke und kommt ihnen entgegen.

„Das ist die blödsinnigste Erfindung, die ich je gemacht habe!", knurrt Herr Bubbelkühm.

Wer weiß, wie die Geschichte ausgegangen wäre! Zum Glück aber verbrauchen sich ja alle Batterien einmal. So kam es, dass der Schirm endlich bewegungslos vor der Haustür lag.

Mit einem einzigen Griff hat ihn Herr Bubbelkühm geschnappt. Jetzt liegt der Regenschirm ganz hinten im Kleiderschrank. Vorläufig nehmen sie ihn nicht mehr mit, Flämmchen und ihr Vater. Da wollen sie lieber nass werden.

Wie man Katzen retten kann

Eines Tages bekommt Herr Bubbelkühm eine Einladung.
„An alle Erfinder", steht oben auf dem Brief. „Wir laden Sie dringend zu einer wichtigen Besprechung ein. Die Feuerwehr."
„Was mag die Feuerwehr von den Erfindern wollen?", fragt Flämmchen.
Herr Bubbelkühm weiß es auch nicht.
„Vielleicht brauchen sie nasseres Wasser", meint er.
Er bügelt seine Erfinderhose, putzt sich die Schuhe mit ein bisschen Margarine blank und geht los.
Die anderen Erfinder sind schon da. Da sind der Herr Klotter, der Herr Schmoll, der durch die singende Zahnbürste berühmt wurde, und der Herr Etterfink, der Erfinder der Bratkartoffeln in Tuben.
„Es geht um folgendes Problem", beginnt der Feuerwehroberhauptmann, „seit Jahren ist die Feuerwehr damit beschäftigt, Katzen zu retten, die sich auf Bäume verstiegen haben. Dadurch geht uns unendlich viel Zeit verloren. Einmal hat uns ein grauer Kater so lange aufgehalten, dass die städtischen Bedürfnisanstalten abgebrannt sind. So geht das nicht weiter, meine Herren! Entwickeln Sie uns einen ‚Katzenretter'. Wir setzen 500 Euro für diese Erfindung aus."
Da legen die Erfinder die Stirn in Falten und gehen nachdenklich heim. Und zu Hause fangen sie wie wild mit der Arbeit an.
Nur der Herr Bubbelkühm sitzt da und hat die Hände in den Taschen.
„Erfindest du nichts?", fragt Flämmchen.
„Doch", sagt Herr Bubbelkühm und lächelt still in sich hinein.
Der Herr Klotter baut eine riesige Katzenrettungsmaschine,

die er am Baum hochhält. Ganz oben ist ein kleines Plüschsofa eingebaut. Aber die Katzen setzen sich nicht auf das
Sofa.

Der Herr Schmoll entwickelt einen Katzengreifer. Aber sobald die Katzen den Greifer sehen, klettern sie noch höher
in die Bäume.

Und der Herr Etterfink hatte die Idee mit dem Baumschütt-
ler. Unten hat er ein Netz gespannt. Der Schüttler schüttelt
die Bäume, dass die Äpfel und Birnen, die Blätter und
Zweige herunterfallen. Die Katzen aber krallen sich fest und
bleiben oben.

Da endlich macht Herr Bubbelkühm seine Erfindung. Er
braucht eine knappe Stunde dazu. Als die nächste Katzen-
rettung fällig ist, führt er seine Erfindung vor.

Es ist ganz einfach: Herr Bubbelkühm
greift in seine Hosentasche, holt eine
künstliche Maus hervor, dreht sie auf
und setzt sie an den Baum. Husch, klettert die Maus am Stamm empor. Aber
bevor die Katze sie fangen kann, macht
sie kehrt und läuft wieder hinunter.

Und da jagt jede Katze hinterher! Wenn
es um eine Maus geht, ist auch die
größte Angst vergessen. Und das hat der
Herr Bubbelkühm gewusst. Wer weiß,
vielleicht hat Mollibum, seine Katze, es
ihm gesagt.

Die Erfindung des Gummiautos

„Eben sind wieder zwei Autos zusammengekracht!", sagt Herr Bubbelkühm, als er nach Hause kommt.

„Und?", fragt Flämmchen.

„Kaputt!", seufzt Herr Bubbelkühm. „Man müsste", meinte er dann, „Autos aus Gummi erfinden."

„Das ist toll!", schreit Flämmchen. Sie wirft ihren kleinen Strohhut in die Luft. „Das ist die größte Erfindung aller Zeiten!"

Herr Bubbelkühm kratzt sein Geld zusammen. Dann kauft er Gummireifen, Schaumgummiplatten, Regenschuhe, Bälle und alles, was aus Gummi ist. Und weil das Auto ziemlich groß werden soll, baut er es vorsichtshalber im Hof. Da sitzen die Spatzen im Kirschbaum und schauen ihm zu.

Zuerst baut Herr Bubbelkühm das Äußere. Dann den Gummimotor und das ist gar nicht so einfach. Aber endlich ist das Auto fertig und eine Hupe hat es auch.

„Alles einsteigen!", ruft Herr Bubbelkühm und Flämmchen und Mollibum machen es sich bequem.

Durch das große Tor fährt Herr Bubbelkühm auf die Straße. Und weil ja ein Gummiauto unfallsicher ist, fährt er, so schnell er nur kann.

„Halt!", schreit der Polizist.

Aber Herr Bubbelkühm ist schon vorüber. Quer über den Bürgersteig rast er, genau gegen einen Baum. Aber – schwupp – springt das Gummiauto zurück und schon geht es weiter. Es drückt ein paar andere Autos zur Seite, saust hupend im Zickzack die Hauptstraße entlang, tippt gegen eine Häuserecke und jagt die Leute in die Flucht. Sie können ja auch nicht wissen, dass es ein weiches Gummiauto ist.

Bergauf und bergab jagt das Auto. Flämmchen schwingt ihren Strohhut und schreit, so laut sie nur kann.

„Vorsicht!", brüllt sie plötzlich, aber schon ist das Auto in einen See gefallen.

„Es schwimmt doch!", lacht Herr Bubbelkühm.

Er gibt ein bisschen Gas und da sind sie am anderen Ufer angelangt. So eine Gummiautofahrt macht Spaß. Nur Mollibum ist misstrauisch. Er hat die Sicherheitsgurte angelegt und trägt außerdem einen Sturzhelm. Kreuz und quer durch den Wald braust das Auto. Der eine Baum wirft es dem anderen zu. Dann geht es auf eine Lichtung hinaus und plötzlich stehen sie vor einem Abhang.

„Wennschon!", sagt der Herr Bubbelkühm. „Es ist ja aus Gummi!"

Und er legt den ersten Gang ein und lässt das Auto hinunterplumpsen.

„Hurra!", schreit Flämmchen.

Aber eines haben sie nicht bedacht. Weil nämlich alles an dem Auto aus Gummi ist, springt es wie ein Ball und kann gar nicht wieder aufhören. Tip, tip, tip, geht es und Herr Bubbelkühm und Flämmchen hüpfen auf und nieder. Nur Mollibum sitzt fest und darauf ist er sehr stolz. Tip, tip, tip! – Das Auto kommt nicht zur Ruhe.

„Aufhören!", schreit Flämmchen. „Mein Herz ist schon in der Hose!"

Herr Bubbelkühm sagt überhaupt nichts mehr. Ihm ist so schlecht, als habe er Himbeereis mit Heringen gegessen. Als das Auto endlich stillsteht, steigen sie aus und gehen zu Fuß nach Hause.

„So ein Gummiauto ist nicht das Rechte", seufzt Herr Bubbelkühm. „Es macht einen leichtsinnig."

Und Flämmchen schluckt und nickt.

Das elektrische Mädchen

„Papa", sagt Flämmchen, „alles ist schmutzig und durcheinander."

„Ja", entgegnet Herr Bubbelkühm, „das ist nun mal so."

Er erfindet eben eine Schuhkrem, die man auch als Zahnpasta benutzen kann.

„Nein", erklärt Flämmchen, „bei anderen Leuten ist es sauber!"

„Andere Leute sind keine Erfinder", stellt Herr Bubbelkühm fest.

Das stimmt. Bei Bubbelkühms hat niemand Zeit. Flämmchen muss kochen, Schrauben suchen und Schulaufgaben machen und Mollibum ist vollauf mit seinen Katzenangelegenheiten beschäftigt.

„Wir brauchen ein Dienstmädchen", sagt Flämmchen.

Sie pustet dabei einmal quer über den Schrank und Herr Bubbelkühm verschwindet in einer Staubwolke.

„Hatschi!", sagt er. „Du hast Recht. Aber wir haben doch nicht einmal Geld für Wiener Würstchen."

„Wenn du nun ein Dienstmädchen erfindest?", überlegt Flämmchen.

„Hm", macht Herr Bubbelkühm. „Ein Roboterdienstmädchen sozusagen."

Der Gedanke gefällt ihm so sehr, dass er die Zahnpastaschuhkrem sofort vergisst. Zuerst nimmt Herr Bubbelkühm einige Möbel auseinander. Er braucht nämlich alle Metallteile, die er nur finden kann. Dann geht es los. Er bastelt und baut, bis das Gerippe vor ihm steht.

Eine lange, dünne Person ist das künstliche Dienstmädchen. Es hat einen kleinen Kopf, riesengroße Hände, und damit es fest auf den Füßen steht, trägt es Herrn Bubbelkühms Holzpantinen.

„Na ja", meint Flämmchen. „Schön ist sie nicht."
Ihr Vater hantiert mit Drähten.
„Aber tüchtig", sagt er, „warte nur ab!"
Endlich ist es so weit. Herr Bubbelkühm schließt das Roboterdienstmädchen ans Stromnetz an. Dann passiert sehr vieles sehr schnell: Das neue Dienstmädchen klopft den Teppich mitten im Zimmer, es schrubbt den Boden mit Limonade, fegt die Wände mit der Schuhbürste ab, poliert die Möbel mit Honig und putzt das Herbstwald-Ölgemälde, bis keine Farbe mehr darauf ist.
Dabei fegt diese Roboterperson durch die Stube, dass sich Flämmchen und Herr Bubbelkühm erschreckt an die Wand drücken. Kater Mollibum ist in den Papierkorb geflüchtet.
„Nein!", schreit Flämmchen.
Aber das elektrische Mädchen klopft das Kissen, dass die Federn nur so fliegen.
Das Waschbecken wird mit grüner Farbe gestrichen, der Ofen auf den Kopf gestellt und geschüttelt, damit die Asche herausfällt, und alle Kleider und Anzüge werden in den

Waschbottich gesteckt, in dem schon die Seifenlauge brodelt.

Doch als dann die riesigen Hände Mollibum ergriffen haben, um ihn ebenfalls hineinzuwerfen, löst sich Herrn Bubbelkühms Erstarrung. Er macht einen Hechtsprung und reißt den Stecker aus der Dose.

„Uff!", sagt das Dienstmädchen noch. Dann wird es ganz still, denn es hat keinen Strom mehr.

„Na ja", meint Flämmchen nach einer Weile. „Eigentlich war es ja eine großartige Erfindung."

Herr Bubbelkühm tupft sich den Schweiß von der Stirn. Und dann beginnen sie aufzuräumen.

Der Fliegenwegpuster

An einem trüben Nachmittag sitzt Herr Bubbelkühm an der Arbeit. Flämmchen langweilt sich.

„Mollibum", sagt sie, „spiel mit mir."

Aber der Kater rollt sich zusammen und hält sich mit den Pfoten die Augen zu.

„Papa", fragt Flämmchen, „was erfindest du?"

„Ach", sagt Herr Bubbelkühm, „weißt du, ich habe mir überlegt, dass es doch eigentlich unappetitlich ist, allen Leuten die Hand zu geben. Ich baue einen automatischen Händeschüttler."

„Oh!", ruft Flämmchen. „Toll!"

„Sch!", macht Herr Bubbelkühm.

Da ist eine Fliege, die immer um sein Gesicht herumsurrt.

„Hi!", lacht Flämmchen.

„Weg!", schreit Herr Bubbelkühm die Fliege an.

Aber die brummt und summt weiter um ihn herum. Einmal

sitzt sie auf seinem Kopf, dann läuft sie an seinem Handgelenk empor und schließlich lässt sie sich auf seiner Nase nieder.

Herr Bubbelkühm wedelt mit den Armen wie eine Vogelscheuche im Wind.

„So kann ich nicht arbeiten!", brüllt er. „Schsch!"

Aber nichts hilft.

„Schlag sie doch tot!", meint Flämmchen.

„Du solltest wissen, dass ich keine Tiere töte", erklärt Herr Bubbelkühm. „Und außerdem kriege ich sie nicht. Da baue ich lieber einen Fliegenwegpuster."

Und weil er eben nichts anderes zur Hand hat, nimmt er ein riesiges Stück Ofenrohr und macht daraus eine Windmaschine.

„Pass auf, wie schnell sie fort ist, wenn ich den Apparat einstelle!", sagt er.

Er drückt auf den Knopf.

Da gibt es einen derart gewaltigen Luftstoß, dass Flämmchen und Mollibum gegen die Wand gepresst werden. Sie kleben da, als seien sie mit Leim festgepappt. Die Fliege aber ist längst woanders.

„Stell die Maschine ab!", schreit Flämmchen. „Ich will hier weg!"

„Verzeihung!", sagt Herr Bubbelkühm und dreht an seinem Fliegenwegpuster. „Da muss ich etwas falsch gemacht haben."

„Huiii!", macht die Maschine – und dann passiert genau das Entgegengesetzte: Der Puster pustet nicht mehr, sondern er saugt.

Flupp! – verschwinden Flämmchen und Mollibum im Ofenrohr.

„Ha!", schreit Herr Bubbelkühm, „die Fliege ist mit drin!"

„Papa!", kreischt Flämmchen in ihrem dunklen Gefängnis,

„du kannst doch nicht wegen einer Fliege dein Kind opfern! Und Mollibum noch dazu! Lass uns heraus!"

Herr Bubbelkühm überlegt. Eigentlich könnte er jetzt in Ruhe arbeiten. Aber schließlich ist er kein Rabenvater. So stellt er den Wegpuster ab. Da purzeln Flämmchen, Mollibum und die Fliege heraus.

„So was!", sagt Flämmchen.

„Na ja", meint Herr Bubbelkühm, „dann müssen wir eben mit der Fliege leben!"

Und das tun sie dann auch.

Die Erfindung der Antischnarchmaschine

Eines Tages klopft es an der Tür.

„Herein", sagt Herr Bubbelkühm.

Flämmchen räumt schnell die schmutzigen Teller fort und scheucht den Kater Mollibum vom Tisch.

„Sind Sie der Erfinder?", fragt eine aufgeregte Frau.

Herr Bubbelkühm nickt.

„Mein Mann schnarcht", sagt die Frau. „Und das kann ich nicht mehr ertragen!"

„Haha!", lacht Herr Bubbelkühm, denn er schnarcht selber auch ein bisschen. „Was soll ich denn da tun?"

„Ich habe Geld", erklärt die Frau. „Bauen Sie mir eine Antischnarchmaschine."

Seitdem sitzt Herr Bubbelkühm an der Arbeit.

„Der schnarcht nicht mehr lange!", grinst er.

Aus dem letzten Küchenstuhl baut er ein Gestell mit einem langen Arm, der auf einer beweglichen Achse ruht. Flämmchen schaut zu und Mollibum spielt unter dem Sofa mit einer Schraube.

„Was ich brauche", sagt Herr Bubbelkühm, „ist eine große, nasse Hand."

Da bringt Flämmchen ihren Schwamm und Herr Bubbelkühm schneidet ihn zurecht.

„Und wie soll das nun gehen?", will Flämmchen wissen.

„Ganz einfach", sagt Herr Bubbelkühm. „Beim leisesten Geräusch senkt sich die nasse Hand herunter. Pass auf, ich stelle die Maschine ein!"

Und weil in diesem Augenblick der Kater Mollibum unter dem Sofa hervorlugt und schnurrt, lässt die Maschine brummend den Arm herunterfallen und quetscht den Kater unter den nassen Schwamm. Natürlich ist Mollibum tief gekränkt, denn eine nasse Katze ist schon fast eine tote Katze.

Flämmchen und Herr Bubbelkühm aber halten die Erfindung für großartig. Herr Bubbelkühm streicht das Ganze noch giftgrün, dann lehnt er sich zufrieden in seinem Ruhesessel zurück.

Eine Weile schiebt Flämmchen ihren kleinen Strohhut hin und her. Das tut sie immer, wenn sie nachdenkt.

„Papa", meint sie endlich, „du schnarchst doch auch. Willst du nicht die Maschine vorsichtshalber an dir ausprobieren?"

„Meinetwegen!", sagt Herr Bubbelkühm, und als es Abend wird, stellt er den Antischnarcher neben sein Bett.

Bald ist er eingeschlafen. Flämmchen aber bleibt wach und Mollibums grüne Augen glühen in der Dunkelheit.

„Chrrr", kommt es da über Herrn Bubbelkühms Lippen.

Und – schwupp! – fällt der Arm der Maschine herunter und die nasse Hand drückt sich auf des Erfinders Gesicht.

„Donnerwetter!", fährt Herr Bubbelkühm hoch. „Das ist ja furchtbar! Ich habe eben von Mandelpudding geträumt. Jetzt ist er fort!"

„Hi!", lacht Flämmchen heimlich unter der Decke und der Kater Mollibum sieht sehr zufrieden aus.

Herr Bubbelkühm aber schläft bald wieder ein.

„Chrrr", beginnt er aufs Neue zu schnarchen und – platsch! – hat er wieder den Schwamm im Gesicht.

„Hilfe!", schreit Herr Bubbelkühm. „Um ein Haar hätte ich fünfhunderttausend Mark im Lotto gewonnen. Dann wären wir reich gewesen. Das ist eine ganz und gar unmenschliche Maschine!"

Und er steht auf und trägt mit wehendem Nachthemd den Antischnarcher in den Keller. Da steht er heute noch. Der aufgeregten Frau aber hat Herr Bubbelkühm empfohlen sich Watte in die Ohren zu stopfen. Denn – wenn er auch ihren Mann nicht kennt – einen solchen Teufelsapparat wünscht man nicht einmal seinem schlimmsten Feind.

Wenn Besuch kommt

Am Sonntag kriegt Herr Bubbelkühm Besuch. Der Herr Klotter kommt, der Herr Schmoll und der Herr Etterfink. Und alle bringen ihre Familie mit.

„Hoffentlich klappt alles", sagt Herr Bubbelkühm.

Flämmchen poliert noch schnell die Tischbeine und Mollibum.

Dann holt sie den Kuchen und zündet die Kerzen an. Und damit sie auch ganz besonders flink ist, trägt sie heute Rollschuhe.

Alle Besucher kommen auf einmal. Der Herr Etterfink mit seiner dicken Frau und den drei Töchtern, der Herr Schmoll und seine Schwester Schmolline und Herr und Frau Klotter mit einem Muttersöhnchen, das Titi heißt.

Sofort tritt die vollautomatische Begrüßungsanlage in Aktion.

„Herzlich willkommen!", brüllt der Lautsprecher an der Wand.

Der Händeschüttler reicht jedem die weiß behandschuhte Hand und dem Herrn Etterfink gibt er sie sogar viermal. Das ist ein kleiner technischer Fehler.

„Wir hoffen, Sie fühlen sich wohl!", krächzt der Lautsprecher und die selbst tätige Garderobe zieht den Leuten die Mäntel aus.

Dann rollen die Stühle heran, schieben sich unter jeden einzelnen Po und die Gäste sitzen.

„Fabelhaft!", sagt der Herr Klotter. „Einfach fabelhaft!"

Herr Bubbelkühm lächelt geschmeichelt. „Jetzt tritt die Fütterungsmaschine in Kraft!"

Im Abstand von fünf Sekunden schiebt sie jedem Gast ein Stück Kuchen in den Mund.

„Oh", sagt die Schmolline, „wie prak ..." Aber dann muss sie blitzschnell schlucken, denn der nächste Bissen naht.

Titis Kopf schwillt vor lauter Anstrengung an wie eine Riesentomate. Und die dicke Frau Etterfink sinkt endlich, ermattet vom Kauen, kraftlos in sich zusammen.

Da räumt Flämmchen ab.

„Und nun", verkündet Herr Bubbelkühm, „werde ich Ihnen meine neueste Erfindung vorstellen!"

Die Gäste zucken ein wenig zusammen, aber das merkt Herr Bubbelkühm nicht.

„An Stelle des bisher üblichen Fernsehgerätes", sagt er, „habe ich einen Apparat konstruiert, dessen Sendungen Sie nicht nur sehen und hören, sondern auch riechen, fühlen und schmecken."

„Oh!", machen die Leute.

Da stellt Herr Bubbelkühm das Gerät ein. Auf dem Bildschirm erscheint eine Sommerwiese. Gleich riechen sie alle den Duft der Blumen und fühlen das Gras unter ihren Füßen.

„Schön!", schreien die Töchter Etterfink verzückt.

Dann isst im Fernsehen jemand Sahneeis. Da schlucken die Besucher und haben selige Gesichter. Leider aber wird anschließend ein Großbrand gezeigt. Sofort erfüllt dicker Qualm das Zimmer und alle halten sich hustend die Nase zu. Es ist ein Glück, dass es danach einen chinesischen Film gibt. Doch als die Chinesen an einer Stelle faule Eier essen, werden die Gäste plötzlich grün im Gesicht. Und als der Chinesenvater einem Sohn eine Ohrfeige gibt, schreien alle laut auf vor Schmerz.

„Na ja", sagt Herr Bubbelkühm, „es ist kein gutes Programm heute." Er stellt den Hör-Seh-Fühl-Riech-Schmecker ab.

„Es war sehr interessant", sagen die Gäste, als sie sich erleichtert verabschieden.

Dass der Händeschüttler auf Grund einer Fehlschaltung Titi zum Schluss fünf Minuten lang schüttelt, bis ihm die Augen vorm Kopf stehen, war natürlich nicht vorgesehen.

Aber trotzdem:

„Denen haben wir was gezeigt!", sagt Herr Bubbelkühm.

Und Flämmchen nickt zufrieden.

Der fast nützliche Sockenstopfer

Manchmal verkauft Herr Bubbelkühm eine seiner wunderbaren Erfindungen. Dann kommt Geld ins Haus und alle sind sehr vergnügt.

Herr Bubbelkühm geht mit Flämmchen und Mollibum in die Stadt. Zuerst kriegt Mollibum einen Hering, dann kaufen sie einen neuen Strohhut für Flämmchen und zum Schluss sucht sich Herr Bubbelkühm tausend Dinge aus, die er für Erfindungen braucht: Schienen und Rädchen, Hebel und Federn, Eisenstangen, einen Motor, Bretter und Blechplatten und wer weiß was noch alles. Dann gehen sie wieder nach Hause. Sie setzen sich auf die Fensterbank, lassen die Beine baumeln und schauen sich alles an.

„Papa", sagt Flämmchen plötzlich an so einem Tag, „ich habe ein Loch im Strumpf."

„Ich auch!", stellt Herr Bubbelkühm fest.

Sie ziehen beide die Strümpfe aus und schauen sie genauer an.

„Es ist ein sehr großes Loch", sagen sie gleichzeitig.

Da muss Herr Bubbelkühm lachen.

„Kleinigkeit!", ruft er übermütig. „Ich baue eine Sockenstopfmaschine!"

„Au ja!", schreit Flämmchen und tanzt auf einem Bein herum.

Mollibum bringt sich vorsichtshalber in Sicherheit.

Herr Bubbelkühm beginnt. Er fügt Hebel und Drähte, Kurbeln und Schienen zusammen und denkt.

„Wird ziemlich groß", meint Flämmchen.

„Lass nur", sagt Herr Bubbelkühm. „Das macht nichts. Es fehlt noch was."

Und er baut weiter. Die Maschine wächst und wächst. Aber sooft man ihr einen Strumpf zum Stopfen hinhält, funktioniert sie nicht.

„Ich muss sie verlängern", sagt Herr Bubbelkühm. „Räum mal den Ofen fort!"

Er baut noch einen zweiten Motor ein, schiebt drei Eisenplatten unter und da schlängeln sich die Drähte schon übers Bett. Aber anstatt Socken zu stopfen, beginnt die Maschine zu bellen.

„Ist ein kleiner Fehler drin!", überlegt Herr Bubbelkühm und kratzt sich den Kopf. „Geh mal weg", sagt er zu Mollibum, der in der letzten freien Ecke sitzt.

Dann nimmt er zwei alte Fernsehantennen auseinander und ein Telefon und montiert das alles mit ein. Schon sind sämtliche Möbel von der Maschine überwuchert und auch von den Betten ist nichts mehr zu sehen.

„Sie spuckt Wasser!", schreit Flämmchen, die mit Mollibum oben auf dem Sockenstopfer sitzt.

Herr Bubbelkühm dreht einen Hebel zu.

„So", sagt er, „jetzt müsste es gehen. Gib mal einen Socken her!"

Aber die Strümpfe sind nicht mehr da. Wahrscheinlich hat der Erfinder sie irrtümlich mit eingebaut.

„Hm", meint er nachdenklich. Und dann muss er gähnen, denn inzwischen ist es tiefe Nacht geworden.

„Papa", fragt Flämmchen müde. „Wo sollen wir denn schlafen?"

„Ist doch ganz einfach", meint Herr Bubbelkühm.

Er spannt drei Hängematten zwischen die Masten der Riesenmaschine. Zwei aus Bettlaken und eine aus einem Handtuch für Mollibum.

„Gute Nacht", sagt Flämmchen. Sie überlegt, ob sie nicht zukünftig Strümpfe doch besser mit der Hand stopft.

Vielleicht verbessert er die Welt

Manchmal ist Herr Bubbelkühm unzufrieden. Mit der Welt ist er unzufrieden und am meisten mit sich selbst.

„Was leiste ich schon!", sagt er dann. „Lauter kleine, unwichtige Dinge erfinde ich."

„Das darfst du nicht sagen!", meint Flämmchen. „Der jodelnde Fußwärmer zum Beispiel war eine fabelhafte Sache! Alle Großmütter der Welt sind dir dafür dankbar."

„Ach!", seufzt Herr Bubbelkühm.

Er kriecht ins Bett, zieht sich die Decke über den Kopf und tut, als sei er nicht mehr da. Und darüber schläft er ein.

Einmal hat er im Traum die großartigste Erfindung aller Zeiten gemacht. Er hat Kräuter ge-

kocht und zerrührt und zerstampft, bis er ein ganz, ganz feines Pulver hatte. Himmelblau war es.

Und dann hat sich ein weißer Rabe auf seine Schulter gesetzt und gesagt: „Du bist der größte Erfinder der Welt, Bubbelkühm! Du hast das Friedlichkeitspulver erfunden!"

Da ist Herr Bubbelkühm sehr glücklich gewesen. Er hat das Pulver in seine Jackentasche geschüttet und ist losgegangen. Wenn irgendwo zwei gestritten haben, hat er ein bisschen Pulver gestreut und schon ist alles wieder gut gewesen.

Die Autofahrer haben sich Blumen zugeworfen statt Schimpfworte, die Hunde haben sich gegenseitig die Pfote geküsst, wenn sie sich eben noch beißen wollten, die Politiker haben aus den Waffen Glocken und Glöckchen gegossen und der Papagei im Blumengeschäft Schmitt hat nie mehr „Verdammt!" gesagt, sondern nur noch: „Alle sind lieb!" So friedlich war es ringsum, dass der Sturm sich klein gemacht hat und nur noch ein schnurrendes, sanftes Windchen war. Doch als es eben anfing Anemonen zu regnen, wacht Herr Bubbelkühm auf.

Schnell greift er in die Tasche seines Schlafanzuges, aber es ist kein Friedlichkeitspulver darin. Und wie die Zusammensetzung war, das hat Herr Bubbelkühm auch vergessen. Da erzählt er die ganze Geschichte Flämmchen.

„Vielleicht werden die größten Erfindungen der Menschheit nicht erfunden", sagt er zum Schluss traurig.

„Meinst du nicht, dass es Dinge gibt, die man gar nicht erfinden kann?", fragt Flämmchen.

„Ja", sagt Herr Bubbelkühm nachdenklich. „Ich glaube, du hast Recht. Das sind die Dinge, die jeder Mensch in sich selber wachsen lassen muss. Wenn es ein Pulver dafür gäbe – das wäre wohl doch zu einfach!"

Jump und Kater Timpeltamp, die Sternfahrer

Bananen, nichts als Bananen

Viele Wochen sind Jump und der Kater Timpeltamp mit ihrem Raumschiff unterwegs.

„Ich habe keine Lust mehr", sagt Timpeltamp eines Tages. „Lass uns irgendwo ankommen."

Jump möchte auch gerne landen. Vielleicht könnten sie dann endlich einmal ihre Raumanzüge ausziehen. Aber soviel er auch an seinem Empfangsgerät dreht, nirgendwo hört er eine Stimme. Nur ein bisschen Sphärenmusik erklingt.

„Bald ist die Milch alle", sagte Timpeltamp.

„Streu ein bisschen Nachwachspulver in den Rest", meint Jump.

Das ist eine feine Sache. Alles, was man mit diesem Pulver bestreut, wächst sekundenschnell nach. Natürlich muss man vorsichtig sein. Vorige Woche ist Timpeltamp ein Körnchen Nachwachspulver auf seine Zahnbürste gefallen. Seitdem können sie sie als Besen benutzen.

„Horch!", schreit Jump plötzlich.

Eine feine, ferne Stimme ruft.

Schnell stülpt sich auch Timpeltamp die Kopfhörer über.

„Zur Hilfe!", hören sie. „Zur Hilfe! Hier ist der Bananenstern."

Und Sekunden später taucht im Bildschirm der Stern vor ihnen auf.

„Landung!", schreit Jump.

Er drückt fünf Knöpfe und noch einen, und schon streckt das Raumschiff seine Füße aus und hopst auf den Bananenstern.

„Uff!, sagt Jump und er steigt mit Timpeltamp aus.

So weit sie sehen können, wachsen Bananensträucher, über und über mit reifen Bananen behängt. Plötzlich taucht ein kleines Mädchen auf.

„Guten Tag", sagt Jump. „Wir sind Jump und Timpeltamp. Hast du um Hilfe gerufen?"

„Ja", sagt das Sternenmädchen. „Die Bananen sind reif. Aber ich kann sie nicht allein essen. Sie brauchen so furchtbar viel Platz. Und die Sonnenstrahlen können nicht mehr durch."

Das lässt sich Jump nicht zweimal sagen. Er pflückt und isst. Doch nach der fünfzehnten Banane schmeckt es nicht mehr so recht.

„Wie wäre es, wenn du einfach mit uns fortflögest?", schlägt er vor.

Aber das Mädchen schüttelt den Kopf.

„Ich muss hier bleiben", sagt es. „Der Bananenstern ist mein Zuhause."

„Dann musst du auch helfen", sagt Jump zu Kater Timpeltamp.

Und der arme Timpeltamp, der eigentlich gar keine Bananen mag, kaut tapfer mit. Fünf Tage und eine Hand voll Minuten brauchen sie, dann sind alle Bananen fort.

„Es sieht gleich viel hübscher aus!", ruft das Sternenmädchen.

Hell und sonnig liegt der Bananenstern. Jump freut sich auch. Nur Timpeltamp wirkt ein wenig bedrückt.

„Auf Wiedersehen", sagt das Sternenmädchen zum Abschied. „Danke schön. Und kommt doch zur nächsten Ernte wieder!"

Jump und Timpeltamp stülpen ihre Helme über und das Raumschiff springt vom Bananenstern ins Weltall hinaus.

„Ach", seufzt der Kater Timpeltamp endlich, „wenn nur nichts passiert! Mir ist nämlich ein bisschen Nachwuchspulver fortgeflogen. Hoffentlich ist es nicht auf die Bananenschalen gefallen."

Willkommen auf dem Regenstern!

„Merkst du nichts?", fragt Jump den Kater Timpeltamp, der eben seine Pfoten in den elektrischen Krallenpolierer hält.

„Nein", sagt Timpeltamp.

„Unser Raumschiff wird langsamer." Jump ist besorgt. „Wir müssen in der Gebrauchsanweisung nachsehen."

So schlagen sie das dicke Buch auf.

„Wenn das Raumschiff langsamer wird, ist es müde", steht da.

Jump und Timpeltamp schauen sich an.

„Wenn man müde ist, muss man schlafen", meint Jump. „Wir landen!"

Sanft gleiten sie auf einen kleinen Stern hinab.

„Oh!", schreit Timpeltamp. „Schau nur, wie schön!"

Ringsum ist der Boden mit kugelrunden, glitzernden Edelsteinen bedeckt. Da kommen auch schon die Bewohner des

Sterns herbei. Es sind nette, kleine Leute mit freundlichen Gesichtern. Seltsam ist nur, dass sie nicht auf den Füßen stehen.

„So was!", staunt Timpeltamp.

Sie schweben ein paar Zentimeter über dem Boden.

„Seid willkommen auf dem Regenstern!", ruft der erste Einwohner ihnen zu.

„Danke", sagt Jump. „Wir sind Jump und Timpeltamp. Und wie heißt ihr?"

„Himbahatschi", sagt der kleine Kerl.

Und der zweite verneigt sich und heißt auch Himbahatschi, der dritte ebenfalls, der vierte, der fünfte, und immer so weiter.

„Ihr habt alle den gleichen Namen?", staunt Jump.

„Warum nicht?", lächeln die Regensternbewohner. „Ihr könnt gerne bei uns bleiben", sagen sie dann. „Aber ihr dürft den Boden nicht berühren."

Und sie nehmen Jump und Timpeltamp bei Händen und Pfoten und lehren sie zu schweben. Ein wunderschönes Gefühl ist das.

„Was tut ihr den ganzen Tag?", fragt Jump die Himbahatschis.

Die Himbahatschis schauen ihn verwundert an.

„Nichts", sagen sie dann.

Den ganzen Tag schweben sie miteinander über den wunderschönen Stern. Und als die Abenddämmerung kommt, hocken sich die Himbahatschis auf die Äste und Zweige der wurzellosen Schlafbäume und schlummern ein. Jump träumt auch schon.

Den Kater Timpeltamp aber plagt die Neugierde. So gerne möchte er die runden Diamanten berühren. Ganz vorsichtig tippt er einen von ihnen mit der Schwanzspitze an. Da geschieht etwas Überraschendes: Wie eine Seifenblase steigt der Diamant in die Luft, wo er mit einem klangvollen Ton zerplatzt. Aber auch alle anderen Diamanten geraten in Bewegung. Einer nach dem anderen steigen sie auf und zerspringen. Und jeder klingt auf besondere Art.

„Oh Jump!", ruft Timpeltamp. „Ich habe alles kaputtgemacht!" Und wahrhaftig, bald liegt nicht ein Edelstein mehr auf dem Boden des Sterns.

„Natürlich könnten wir einfach wegfliegen", meint Jump. „Aber das wäre unanständig. Wir müssen es ihnen sagen."

Doch als sie eben die Himbahatschis wecken wollen, geschieht etwas Wunderbares: Es beginnt zu regnen. Schillernde Seifenblasen regnet es, die auf den Boden niederschweben und dort zu Diamanten erstarren.

„Wie schön!", ruft Timpeltamp. „Nun ist alles wieder gut!" Und Jump fällt ein, dass sie nun wissen, warum der Regenstern „Regenstern" heißt.

Mäuse-Tanzvergnügen

„Wie viel Sterne gibt es?", fragt der Kater Timpeltamp.

Jump dreht ein wenig am Steuerrad des Raumschiffes, um einer Sternschnuppe auszuweichen.

„Zähl die Haare in deinem Katzenfell", meint er. „Das sind ungefähr genauso viele."

Timpeltamp legt sich in seine vollautomatische Hängematte, die gleichzeitig eine singende Schaukel ist.

„Wohnen auf allen Sternen nette Leute?", will er wissen.

„Ich nehme es an", sagt Jump.

Dann erklärt er dem Raumschiff, dass es nun selbst aufpassen soll, und legt sich auch ein bisschen hin. Es dauert nicht lange, da sind Jump und Timpeltamp eingeschlafen. Als sie

wieder aufwachen, ist das Raumschiff auf einem hübschen, kleinen Stern gelandet.

Inmitten des glitzernden Sandes sind winzige Gärten angelegt – nicht größer als Timpeltamp, von vorne nach hinten und von links nach rechts gemessen.

„Ob hier Zwerge wohnen?", überlegt Jump.

„Ich weiß nicht", schnuppert Timpeltamp. „Es riecht so …"

In demselben Augenblick hören sie hinter sich eine piepsende Stimme. Eine graue Maus steht da.

„Willkommen!", ruft sie.

Jump kann Timpeltamp eben noch am Schwanz festhalten.

„Du darfst ihr nichts tun!", tuschelt er ihm zu. „Das gehört sich nicht!"

Timpeltamp brummt ein bisschen und reißt sich zusammen.

„Wer seid ihr?", fragt die Maus.

„Ich bin ein Mensch", erklärt Jump.

Das hat die Sternenmaus noch nie gehört.

„Und dein Freund?", fragt sie, „ist der auch ein Mensch?"

„Ich bin ein Kater!", faucht Timpeltamp.

95

Da klatscht die Maus in die Pfoten und gleich kommen von überall Mäuse herbei. Sie bringen die feinsten Sachen. Silberblütensalat, Glitzerpudding, winzig kleine, saftige Früchte und Sternentauwein.

Je mehr der Kater Timpeltamp isst, desto friedlicher wird er. Einmal lacht er sogar ein bisschen. Die Mäuse putzen sich ihre Schnäuzchen, dann machen sie Musik. Eine spielt auf einer kleinen Geige, zwei haben Trompeten, eine eine Trommel und eine andere zupft die Gitarre. Da trinkt der Kater Timpeltamp immer noch ein Gläschen Sternentauwein und plötzlich packt er eine Maus bei den Pfoten und tanzt mit ihr.

Lange feiern sie miteinander, dann reisen Jump und Timpeltamp mit ihrem Raumschiff ab.

„Eines musst du mir versprechen", sagt Timpeltamp, bevor er sich schlafen legt. „Wenn wir wieder auf die Erde kommen, darfst du keiner Katze sagen, dass ich mit einer Maus getanzt habe."

Und Jump lächelt und nickt ihm zu.

Die kleinen Kerle mit den riesigen Ohren

Lautlos saust der Sternexpress durch das Weltall.

„Nichts passiert", sagt Jump. „Es ist langweilig."

„Uaah!", gähnt der Kater Timpeltamp und reißt sein rosiges Mäulchen auf.

„Es ist elf!", ruft da die Uhr und genau in dem Augenblick sehen Jump und Timpeltamp auf dem Bildschirm den Stern.

„Wir wollen landen!", schreien sie.

Sofort bremst das Raumschiff die Geschwindigkeit ab, um bald danach sanft aufzusetzen.

„Stern der Fippies", liest Jump auf einem Schild.

„Schau mal die Bäume!", flüstert Timpeltamp. „Kannst du sehen, wo sie aufhören?"

Ganz weit legt Jump den Kopf in den Nacken. Aber die Bäume sind so hoch, dass man ihre Wipfel nicht erkennen kann.

„Komm", meint Jump, „wir wollen nachsehen, wo die Fippies sind."

„Vielleicht haben sie etwas zu essen für uns", schnurrt Timpeltamp. „Pfannkuchen oder Heringssalat."

„Pst!", macht Jump.

Die Fippies sitzen hinter einem großen, himmelblauen Felsstein im Kreis. Sie sind kleine, plumpe Kerle mit runden Augen und riesigen Ohren.

„Wie komisch!", tuschelt Timpeltamp. „Die können die großen Schlackerohren bewegen!"

„Hihi!", kichert Jump. „Hihi!"

Aber er vergisst, dass Leute mit großen Ohren natürlich besonders gut hören können. Wie ein Bienenschwarm sind die Fippies plötzlich über ihnen.

„Es tut mir Leid!", schreit Jump. „Es tut mir ja so furchtbar Leid, dass ich gelacht habe!"

Aber die Fippies sind nicht zu besänftigen. Schweigend packen sie Jump und den Kater Timpeltamp bei Kopf und Füßen, breiten ihre riesengroßen Ohren aus und heben sich in die Luft.

„Was machen sie mit uns?", bibbert Timpeltamp.

„Vielleicht fliegen sie noch ein Stück höher und lassen uns dann fallen!" Jump schließt die Augen.

Aber die Fippies lassen sie nicht fallen. Sie steigen empor bis zu den Wipfeln der Bäume. Da setzen sie Jump und Timpeltamp in ein großes, leeres Vogelnest und machen sich mit wehenden Ohren davon.

„Ich glaube", sagt Jump, „nun sind wir verloren."
Timpeltamp aber betrachtet nachdenklich seine polierten Krallen.
„Ich werde dich retten", brummt er dann. Und er beginnt vorsichtig, rückwärts den Baumstamm hinabzuklettern. Damit konnten die Fippies natürlich nicht rechnen, denn sie wussten ja nicht, was ein Kater ist.
Lange sitzt Jump und wartet. Schon hat er keine Hoffnung mehr. Da sieht er plötzlich, wie der Sternexpress in wilden Zickzacklinien auf ihn zufliegt. Drei schiefe Kreise zieht er über dem Baumwipfel, dann lässt Timpeltamp eine Strickleiter herunter und bald ist Jump in Sicherheit.
„Steuern lernst du nie!", sagt er zu Timpeltamp.
Aber dann holt er aus der Küche einen Würstchenkranz und hängt ihn dem Retter um den Hals. Und eine größere Ehre kann man einem Kater nicht erweisen.

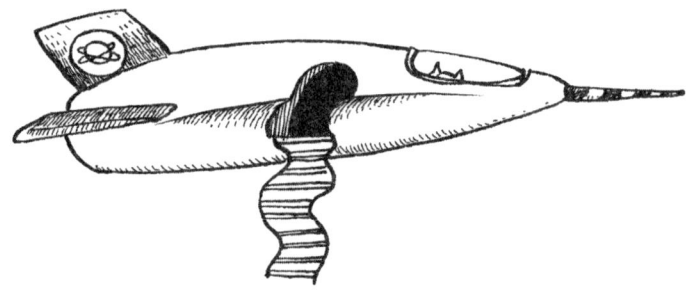

Wer keinen Schnupfen hat,
muss ins Gefängnis

„Glaubst du, dass es einen schöneren Kater als mich gibt?",
fragt Timpeltamp, während er in den Spiegel schaut.
„Das weiß ich nicht", sagt Jump. „Aber einen eitleren gibt
es bestimmt nicht. Hör doch endlich auf, in den Spiegel zu
starren!"
„Schließlich kann ich nicht immer dich angucken!", faucht
Timpeltamp. „Und sonst ist ja keiner da!"
„Vielleicht hast du Recht", überlegt Jump. „Wir sollten mal
andere Leute sehen." Und er steuert das Raumschiff zu dem
nächsten Stern.
„Die haben ja tausend Fahnen gehisst!", ruft Timpeltamp,
während sie landen.
Aber dann erkennen sie, dass kreuz und quer über den Stern
Leinen gespannt sind, an denen bunte Taschentücher bau-
meln. Neugierig steigen sie aus. Der Stern besteht aus un-
zähligen, winzigen Hügeln. Und auf jedem Hügel sitzt ein
Sternbewohner und niest und lacht dazu.
„Ist ja seltsam", meint Timpeltamp, „die scheinen alle erkäl-
tet zu sein."
Da treten ihnen drei Uniformierte entgegen. Die Uniform
des einen besteht aus karierten Taschentüchern, die des
zweiten aus gestreiften Taschentüchern und der dritte ist in
Taschentücher mit Punkten gehüllt.
„Hatschi!", salutieren sie. „Habt ihr Schnupfen?"
„Nein", sagen Jump und Timpeltamp erstaunt. „Zum Glück
nicht."
„Wer keinen Schnupfen hat, muss ins Gefängnis", erklären
die Sternpolizisten. „Das ist hier so!"
„Moment mal!", sagt Jump. „Schließlich sind wir Gäste!"
Da beraten die drei Uniformierten leise miteinander.

„Gut", sagen sie dann. „Hatschi! Wir geben euch einen Tag Frist. Bis dahin habt ihr Schnupfen zu haben!"

„Das werden wir wohl auch", brummt Timpeltamp. „Es wäre ja geradezu ein Wunder, wenn wir uns hier nicht ansteckten!"

Und sie spazieren über den Stern und sehen sich um. Die Leute wohnen in kleinen, weißen Häusern, in denen Durchzug herrscht. Alle sind freundlich und nett.

„Hatschi!", rufen sie. „Herzlich willkommen!"

Und sie winken mit Taschentüchern und schenken Jump und Timpeltamp bunte Tuben mit Schnupfensalbe.

„Das scheint ein fröhlicher Schnupfen zu sein", meint Timpeltamp.

„Aber ja!", rufen die Leute. „Er kribbelt so schön in der Nase. Hatschi!"

Und sie kichern und lachen und sind ordentlich vergnügt.

Wohin Jump und Timpeltamp auch gehen, die drei Uniformierten folgen ihnen auf Schritt und Tritt.

„Sie warten darauf, dass wir niesen", flüstert Timpeltamp.

Aber Jump und Timpeltamp fangen den Schnupfen nicht. So

beschließen sie endlich fortzufliegen, bevor sie im Gefängnis landen.

„Auf Wiedersehen!", ruft Jump. „Und gutes Nasenkribbeln!"
Sie klettern in ihren Sternexpress.

„Seltsame Geschöpfe!", meint Jump kopfschüttelnd. „Hatschi!", macht er dann plötzlich.

Timpeltamp macht große Augen. Er fährt sich mit der Pfote über die Nase.

„Hatschi!", niest er dann. Und sie schauen sich an und lachen.

In der Mompfenfalle gefangen

„Weißt du", sagt der Kater Timpeltamp, während er sich in der vollautomatischen Hängematte räkelt, „ich möchte einmal etwas Tolles erleben."

Jump dreht die Sphärenmusik leiser.

„Andere Leute wären froh, sie könnten wie wir im Sternexpress durch den Weltraum fliegen", meint er. „Aber wir können auf dem nächsten Stern landen."

Er dreht an seiner Funkanlage, die er auf dem Kopf trägt. Ein eigenartiges Geräusch empfängt er. Es muss von einem Stern in der Nähe kommen.

„Was ist das bloß?", fragen sich Jump und Timpeltamp.

Bald sollen sie es erfahren.

„Hier ist alles voll von buntem Laub!", schreit Timpeltamp glücklich, als sie gelandet sind und er als Erster die Pfoten auf den Boden setzt. Fröhlich springt er durch die raschelnden Blätter. Auch Jump findet das prima. So machen sie ein Wettrennen. Plötzlich aber stürzen sie in ein tiefes Erdloch, das unter dem Laub versteckt lag.

„Da hast du dein Abenteuer", seufzt Jump. „Nun tu was!"

„So hab ich das nicht gemeint", jammert Timpeltamp. „Was soll nur aus uns werden?"

Da hören sie wieder das Geräusch, das sie durch die Funkanlage empfangen haben. Aber diesmal ist es ganz nah. Grinsende Gesichter beugen sich über den Rand des Abgrundes.

„Wir sind hier unten!", ruft Jump. „Helft uns raus!"

Und dann weiß er plötzlich, was das für ein Geräusch ist: Die Sternbewohner kichern!

„Bleibt nur hübsch, wo ihr seid", sagt der Oberkicherer, „in der Mompfenfalle."

„Wir wollten nämlich schon lange einen Mompfen fangen!", kichert ein anderer. „Jetzt haben wir gleich zwei!"

Und die Kicherer packen sich bei den Händen und tanzen rund um das Erdloch herum.

„Wir sind doch gar keine Mompfen!", schreit Timpeltamp.

„Dies ist eine Mompfenfalle", sagt der Oberkicherer, „und wenn einer hineinfällt, wird es ja wohl ein Mompfe sein!"

Jump denkt nach.

„Habt ihr denn schon einen Mompfen gesehen?", fragt er dann.

Die Kicherer schütteln den Kopf.

„Wir haben einen in unserem Raumschiff", sagt Jump. „Einen echten. Wenn ihr uns hier rausholt, sollt ihr ihn haben."

„Was ist das denn eigentlich – ein Mompfe?", flüstert Timpeltamp.

„Das weiß ich auch nicht", entgegnet Jump leise. „Wahrscheinlich weiß es niemand. Sei still!"

Die Kicherer treten unschlüssig von einem Bein auf das andere. Dann stecken sie die Köpfe zusammen und endlich lassen sie ein Seil herab.

„Danke schön", sagt Jump.

Er marschiert mit Timpeltamp zum Sternexpress. Kichernd folgen ihnen die Mompfenfänger.

„Passt gut auf!", sagt Jump. Dann ist er auch schon mit dem Kater eingestiegen und hat die Tür hinter sich zugeschlagen. Eine riesige, weiße Wolke schießt beim Start aus dem Sternexpress. Auf die stürzen sich die Kicherer. Ganz bestimmt glauben sie, dass sie nun endlich einmal einen Mompfen gefangen haben.

Splitterfasernackt und mit angelegten Ohren

„Wie sieht's denn draußen aus?", fragt der Kater Timpeltamp.
„Blöde Frage!", brummt Jump. „Wie soll es schon aussehen! Weltallblau mit Sternen durchsetzt. Denkst du, es fliegen Schwalben vorbei oder gebratene Hühner?"
„Lass mich mal rausgucken", verlangt Timpeltamp.
„Bitte", sagt Jump. Er legt sich solange in die singende Hängematte. Aber im nächsten Moment schon schreckt er hoch.

„Jump!", schreit Timpeltamp. „Draußen fliegt ein Marzipan-schweinchen!"

„Dir ist wohl der Verstand in die Schwanzspitze gerutscht!", knurrt Jump ärgerlich. „Du Katerheini!"

„Wirklich!", ruft Timpeltamp. „Schau doch selber!"

Und da fliegt wahrhaftig etwas Rosafarbenes mitten im Weltall herum.

„Das ist kein Marzipanschweinchen", stellt Jump fest. „Das ist eine Art Mensch mit großen, großen Händen. Wir müssen ihn aufnehmen!"

Er steuert den Greifer auf den Marzipanmenschen zu und stopft ihn durch die Rettungsschleuse ins Raumschiff.

„Warum habt ihr mich gefangen?", schreit der Fremde ent-rüstet.

„Du kannst doch nicht einfach im Weltall umherschwirren", meint Jump.

„Ich suche doch bloß meinen Waschlappen!", schreit der Fremde. „Der ist mir nämlich runtergefallen."

„Wo runter?", will Timpeltamp wissen.

„Vom Stern natürlich", jammert der Rosafarbene. „Ich will nach Hause!"

„Gut", meint Jump. So steuern sie den Heimatstern ihres Gastes an. Es ist ein kleiner Stern. Er ist über und über mit winzigen Seen bedeckt.

„Sieht nett aus", meint Timpeltamp.

Aber kaum hat er eine Pfote aus dem Sternexpress gesetzt, liegt er auch schon auf der Nase. Der Stern besteht aus glit-schiger Seife.

„Riecht gut", sagt Jump. Und schon sitzt er auf dem Po.

Mühsam versuchen sie wieder aufzustehen, da werden sie von einer Anzahl marzipanschweinchenrosiger Leute gepackt und unter Triumphgeschrei in den nächsten See getaucht.

„Sie wollen uns ertränken!", schreit Jump.

Und Timpeltamp sagt überhaupt nichts mehr.

Die Sternbewohner aber lachen.

„Wir sind die Waschlinge", sagen sie. „Ihr seid so schön schmutzig."

Und sie schrubben Jump und Timpeltamp von Kopf bis Fuß ab. Sogar hinter den Ohren. Dann lassen sie die beiden endlich frei.

„Na ja", meint Jump. „Ist ja überstanden."

„Die nächste Säuberung ist in einer Viertelstunde", grinsen die Waschlinge und schon lauert eine neue Gruppe mit Waschlappen und Bürsten in der Hand.

„Die waschen uns zu Tode!", flüstert Timpeltamp. „Wir müssen fort!"

„Da!", schreit Jump. „Ein Raumschiff!"

Und während die Waschlinge für einen Moment abgelenkt sind, stürzen Jump und Timpeltamp rutschend und fallend zu ihrem Sternexpress. Jump splitterfasernackt und Timpeltamp mit angelegten Ohren.

„Wenn eine Katze sieben Leben hat", heult Timpeltamp, während sie aufsteigen, „dann habe ich jetzt bloß noch sechs."

Da holt Jump ein großes Badetuch, in das sie sich einhüllen. Bibbernd sitzen sie nebeneinander. Aber einmal werden sie schließlich wieder trocken und dann ist alles gut.

Jump gähnt und gähnt ...

Eines Tages landen Jump und Timpeltamp auf einem Stern, auf dem es so still ist wie im tiefen Schlaf, wenn man nicht träumt. Verwitterte Steine liegen herum, Grotten finden sie und Schluchten. Aber nirgendwo scheint ein Lebewesen zu sein.

„Huhu!", ruft Timpeltamp nur, damit er irgendein Geräusch hört.

„Das muss ein sehr, sehr alter Stern sein", meint Jump nachdenklich. „Vielleicht ist er der älteste Stern der Welt."

Timpeltamp hat ein Frösteln im Nacken.

„Ich weiß nicht recht", miaut er. „Ich finde das hier ein bisschen unheimlich."

„Ach was!", sagt Jump. „Komm, wir schauen uns um."

Sie gehen zwischen grauen Felsblöcken umher, bis sie zu einer Gruppe bemooster Steine kommen.

„Seltsam", flüstert Timpeltamp.

Büschel von verdorrtem Gras sind aus den Steinen gewachsen und verdecken sie fast. Auch Jump bleibt stehen.

Da sehen sie plötzlich, dass sich die Steine fast unmerklich bewegen.

„Die atmen!", haucht Timpeltamp. „Aber das sind ja Männer!"

Ururalte Männer sitzen da vor ihnen. Sie haben Wurzeln in der Erde geschlagen, und was wie Gras erschien, ist langes, struppiges Haar.

Ein Schaudern läuft durch Timpeltamps Fell. Wie lange mögen sie schon so sitzen?

Da tut einer der haarigen Alten den Mund auf.

„Es – riecht – fremd", spricht er mit seiner müden Stimme unendlich langsam.

„Das – habt – ihr – vor – hundert – Jahren – auch – gesagt – als – ich – ankam", entgegnet ein anderer.

„Schau – doch – einmal – nach", meint der erste.

Der andere seufzt.

„Gleich", antwortet er. „Ich – muss – nur – noch – ein – paar – Wochen – schlafen."

Dann sinkt sein Kopf nickend tief und tiefer.

Timpeltamp schaut Jump an. Aber was ist mit Jump los? Er gähnt und gähnt und seine Augen werden immer kleiner. Da schlägt ihm Timpeltamp die Krallen ins Bein, dass er aufschreit.

„Komm!", faucht der Kater. „Komm schnell!"

Und er gibt keine Ruhe, bis er Jump
im Raumschiff hat.

Da reibt Jump sich die Augen.

„Was war nur los mit mir?" Er holt das dicke Buch und schlägt viele Seiten um, bis er endlich gefunden hat, was er sucht.

„Es gibt einen Stern, der Schlafstern heißt", liest er. „Jeder Mensch, der länger als fünfundfünfzig Minuten auf diesem Stern weilt, verfällt dem Schlaf für immer."

„Für immer", wiederholt Timpeltamp.

Und dann werden sie plötzlich sehr fröhlich. Timpeltamp hat aufgepasst und so hat Jump noch einmal Glück gehabt. Ganz laut drehen sie die Sphärenmusik und davon wird der Sternexpress so vergnügt, dass er sie übermütig durchs Weltall schaukelt, neuen Abenteuern entgegen.

Bei den Tränentieren

Morgens ist Jump ziemlich zerstreut. Heute hat er sich mit der automatischen Zahnbürste irrtümlich die Schuhe geputzt. Dem Kater Timpeltamp ist die Milch übergekocht und dann hat sich auch noch ein Kometenschweif im Motor des Raumschiffes verheddert.

„Das ist ein Tag!", stöhnt Jump. „Am besten, wir landen irgendwo."

„Ja", meint Timpeltamp. Er reibt seinen Schwanz, der sich im Entlüfter eingeklemmt hatte.

So kommen sie auf den Stern der Tränentiere. Es ist ein wunderschöner Stern. Weit und breit ist alles grün und tausend bunte Blumen blühen. Himmelblaue Bäche schlängeln sich um früchtebeladene Bäume und die Luft ist erfüllt von schillernden Kugeln, die von den Pustesträuchern hochsteigen. Wie Seifenblasen sehen die Kugeln aus, und wenn sie einander berühren, klingen sie wie Musik. Die Bewohner des Sterns aber, die Tränentiere, sind ein wahrhaft jämmerlicher Anblick. Da sitzen sie, zwei Pfoten vor die plattschnäuzigen Gesichter geschlagen, und ihre dicken Bäuche zittern, so sehr weinen sie. Wohin sie auch gehen – die Tränen fließen in langen Bächen hinter ihnen her.

„Warum weint ihr denn?", fragt Jump.

„Weil wir Tränentiere sind", schluchzen die Tränentiere.

„Aber es ist doch alles so schön!", ruft Timpeltamp. „So schön wie nirgendwo sonst."

„Huuu!", heulen die Tränentiere. „Huhuuu!"

„Blumen mit lila Stängeln und grünen Blüten!", sagt Jump. „Gelbe Bäume mit roten Blättern. Dazu die Früchte mit den bunten Punkten. Das alles gehört euch. Da müsst ihr doch glücklich sein!"

Die Tränentiere schauen ihn an.

„Und die Sonne scheint!", meint Timpeltamp. „Und die Seifenblasen machen Tanzmusik!"

Er nimmt das nächste Tränentier bei den Pfoten und springt mit ihm herum. Und vor lauter Überraschung hört das Tränentier auf zu weinen.

„Hurra!", schreit Jump. „Das hier ist der schönste Stern der Welt!"

Da weinen auch die anderen Tränentiere nicht mehr. Sie trocknen sich die Augen mit Jumps Taschentuch und gucken erstaunt. Und es dauert nicht lange, da lächeln sie sogar.

„So ist es richtig", meint Jump. „Wir wollen fröhlich sein."

Die ganze Nacht tanzen und singen sie und die Seifenblasenkugeln leuchten dazu.

Am anderen Morgen aber – Timpeltamp erwacht als Erster – kriegen sie einen Schreck. Ringsum verdörrt das Gras, die Blumen vertrocknen und die Bäume lassen die Blätter hängen.

Da wird Jump und Timpeltamp klar, dass der Stern nur darum so schön gewesen ist, weil die Tränen der Tränentiere ihn fruchtbar machten.

„Ihr müsst wieder weinen", sagt Jump. Aber die Tränentiere kichern und lachen und haben das Weinen verlernt.

„Die Blumen sterben!", ruft Timpeltamp. „Jeder Grashalm schreit nach Hilfe! Es ist alles ganz schrecklich! Die Bäume werden zu Boden sinken und der Bach verdurstet!"

Da senken die Tränentiere die Köpfe und bald tropft es aus ihren Augen wie eh und je.

Als Jump und Timpeltamp abfliegen, sehen sie noch, dass der Stern wieder grün und schön wird.

„Ich glaube", sagt Jump, „manche Dinge sollte man lassen, wie sie sind."

„Tja", meint Timpeltamp. „Sonst bringt man alles durcheinander."

Man muss sich besser kennen lernen

„Eigentlich haben wir schon eine ganze Menge erlebt", meint Jump. „Wir sollten zur Erde zurückkehren."

„Ich weiß nicht", mault der Kater Timpeltamp. „Mir ist aber noch so abenteuerlich zu Mute."

„Das endet meistens damit, dass du kurze Zeit später Angst kriegst", sagt Jump.

„Angst?", ruft Timpeltamp. „Ich? Das wirst du nie erleben!"

Und er spreizt seine Krallen, als seien sie fürchterliche Waffen.

„Gut", entgegnet Jump. „Da ist eben ein Stern im Gucker. Wie ein großes, schwarzes Ei sieht er aus. Wenn du so tapfer bist, wollen wir landen."

„Ja", mauzt Timpeltamp, doch seine Stimme klingt schon ein bisschen leiser.

Der Sternexpress setzt zur Landung auf. Aber dann rutscht er gleich noch ein ganzes Stück weiter.

„Das muss glatt sein hier", meint Jump.

Vorsichtig steigen sie aus. Wie Glas fühlt es sich unter ihren Füßen an und weit und breit ist kein Lebewesen in Sicht.

„Ist ja langweilig", sagt Timpeltamp.

Aber eben in diesem Augenblick ertönt ein gewaltiger Gong. Da erleuchtet sich der Stern von innen.

„Das Ganze ist ein riesiges, glutrotes Glasei!", schreit Timpeltamp. „Wie unheimlich!"

„Hilfe!", hören sie plötzlich dumpfe Stimmen. „Lasst uns heraus."

Sie sehen, dass im Inneren des Glaseis viele, viele Geschöpfe aneinander gepresst hocken. Hässliche Wesen sind es mit verzerrten Gesichtern und unförmigen Gliedmaßen.

„Das sind ja Ungeheuer!", kreischt Timpeltamp. „Weg von hier!" Jump aber tun die Ungeheuer Leid.

„Wir wollen ihnen helfen", meint er. „Es ist kein Vergnügen, eingesperrt zu sein."

Und er läuft zum Sternexpress und holt die selbst sägende Säge.

Timpeltamp aber rollt sich winzig klein zusammen, steckt den Kopf unter die Pfoten, legt den Schwanz um sich herum und wünscht, er möge unsichtbar sein.

Jump überlegt.

„Wenn man ein Ei öffnet", sagt er, „schlägt man oben die Spitze ab."

Und so setzt er die Säge an das rote Glas, bis der Kopf des Sterns abspringt. Da kriechen die Ungeheuer heraus – eines nach dem anderen. Aber was ist das?

„Schau!", ruft Jump, „sie sind keine Ungeheuer mehr!"

Und wahrhaftig, die Sternbewohner sind wunderschön! Zierlich sind sie, mit großen, sanften Augen und seidigem Haar.

„Viele Jahrhunderte waren wir eingesperrt", sagen sie. „Wir danken euch."

Und sie schenken Jump und Timpeltamp so viele der roten Glassplitter, wie die nur tragen können. Die roten Glassplitter aber sind echte Rubine.

„Jetzt sind wir reich", sagt Jump, als sie im Sternexpress davonfliegen.

Timpeltamp sitzt lange stumm.

„Aber anfangs waren es doch Ungeheuer", meint er dann.

„Ungeheuer sind Wesen, vor denen man sich fürchtet", sagt Jump. „Wenn man sich nicht fürchtet, gibt es auch keine Ungeheuer."

„So ist das!", mauzt Timpeltamp. „Ich glaube", fährt er fort, „wir haben genug erlebt. Wir sollten zur Erde zurückkehren und den Menschen alles erzählen."

Das meint Jump auch. Er dreht das Steuer herum und der Sternexpress fliegt der Erde entgegen.

Wenn man klein ist
und große Gedanken hat

Toby und sein Elefant

Toby ist noch ziemlich klein. Jedenfalls ist er kleiner als Peter und Monika und das ist natürlich ärgerlich.

„Du bist ja auch jünger", sagt die Mutter zu ihm. „Du wirst schon noch wachsen."

Aber jeden Morgen, wenn Toby in den Spiegel schaut, ist er noch ebenso klein wie am Tag vorher. Dafür aber denkt sich Toby die wunderbarsten Dinge aus. Das können die anderen nicht.

Einmal spielen Monika und Peter auf der Straße mit Murmeln.

„Geh zur Seite!", sagt Peter zu Toby.

Da tritt Toby schnell ein bisschen mit dem Fuß gegen die Murmeln. Monika schimpft.

„Wenn ihr wüsstet!", sagt Toby.

„Was denn?", fragen die beiden.

Toby steckt die Hände in die Hosentaschen.

„In meinem Zimmer ist ein Elefant!"

Monika und Peter wollen es nicht glauben.

„Heute Nacht habe ich auf ihm drauf gesessen und dann sind wir durch die Luft geflogen."

„Elefanten fliegen nicht durch die Luft", sagt Peter.

„Über die ganze Stadt", erzählt Toby. „Und als ich zur dir reinguckte, warst du nicht zugedeckt."

„Na ja", meint Peter. „Quatsch!", sagt er dann.

„Ihr könnt ihn ja sehen", schlägt Toby vor.

Da kommen die beiden mit. Zuerst fühlt sich Toby etwas mulmig. Darum bleibt er auch beim Milchhändler stehen und beim Gemüsemann. Ganz langsam aber ist er davon überzeugt, dass die Sache stimmt. Schließlich kann der Elefant ihn nicht einfach im Stich lassen.

„Vorsichtig!", flüstert er. „Er könnte sich erschrecken."

„Ist er sehr groß?", fragt Monika.

„Na ja", sagt Toby.

„Huch!", schreit Monika, als Toby aufmacht.

Aber das Zimmer ist leer. Toby ist sehr enttäuscht.

„Wo ist er denn?", will Peter wissen. Und Monika lacht. Da fällt Tobys Blick auf den kleinen Stoffelefanten in seinem Bett.

„Da ist er", sagt er traurig. „Weil du so geschrien hast, ist er vor lauter Angst geschrumpft."

Natürlich wollen die beiden das nicht glauben. Aber als Toby anfängt zu weinen, tröstet ihn Monika.

„Vielleicht stimmt es", meint sie. „Elefanten erschrecken ja sogar vor einer Maus."

Dann gehen sie mit Toby auf die Straße und spielen alle zusammen Murmeln.

„Wer weiß", sagt Toby, „heute Nacht ist der Elefant vielleicht wieder groß."

Dschungelzauber

Monika und Peter sind in der Schule. Toby muss alleine spielen.

„Eins, zwei, drei, fünf, acht, hundert", zählt er und lässt den Ball gegen die Hauswand springen.

Im Garten ist nichts Besonderes los. Es ist Sommer, die Sonne scheint, der Himmel ist blau und das Gras grün.

„Tausend!", sagt Toby.

Er ärgert sich.

„Alle lassen mich allein", denkt er. „Bloß, weil ich noch ein bisschen kleiner bin als die anderen."

Er rollt den Ball vor sich her und spielt Herr und Hund. Aber der Ball gehorcht nicht. Er ist eben kein Hund. Da lässt Toby ihn liegen und wirft sich ins Gras.

Es ist heiß und ganz still. Und auf einmal geschieht mit dem Garten doch etwas Besonderes. Vielleicht kommt das vom Zauber, der sich im Hochsommer um die Mittagszeit vollzieht. Das weiß Toby nicht. Er fühlt nur, wie er noch kleiner wird und wie der Garten kein Garten mehr ist, sondern ein Dschungel. Hoch steht das Gras. Jeder Halm ist ein schlanker, schwankender Baum.

Mitten durch den Graswald huscht plötzlich ein Eidechsen-Krokodil. Krokodile sind gefährlich! Da ist Toby lieber ganz still.

Aber was raschelt im Apfelbaum? Zwei Eichhörnchen-Affen turnen herum!

„Wenn sie bloß nicht mit Kokosnüssen werfen!", denkt Toby.

Er hat es kaum zu Ende gedacht, da sieht er den schwarzen Panter. Der schwarze Panter streicht um Toby herum und wirft ihm einen schrägen Blick aus seinen grünen Augen zu. Aber Toby fürchtet sich nicht. Das liegt daran, dass der Panter so schön ist. Und dann schnurrt er auch ein bisschen.

Mit der Schlange ist es schon anders. Toby entdeckt sie ganz plötzlich. Sie ist grün. Grüner noch als das Gras. Und sie liegt bewegungslos.

Für einen Moment hält Toby die Luft an. Schlangen muss man hinterm Kopf packen, das weiß er. Aber wo ist der Kopf der Riesenschlange?

Genau jetzt stürzen Monika und Peter in den Garten.

„Vorsicht!", schreit Toby, „Gefahr!"

Peter lacht.

„Was ist dir denn nun wieder eingefallen?"

„Die Schlange!", kreischt Toby.

Monika schreit laut auf vor Angst. Peter aber packt den grünen Gartenschlauch und spritzt Toby nass.

Da ist mit einem Mal der ganze Zauber fort. Der Dschungel ist wieder der Garten. Die Eidechse ist in ein winzig kleines Loch geschlüpft, die Eichhörnchen sind fort und Nachbars Kater-Panter springt über den Zaun.

Aber gelogen hat Toby nicht! Er hat das alles wirklich erlebt.

Toby macht ein Gewitter

Einmal müssen Tobys Eltern fort. Toby kann nicht mit. Da ist es so leer in der Wohnung, dass er sich ganz bestimmt fürchten würde, wenn er nicht so mutig wäre.

Auf die Dauer ist es aber doch ein bisschen anstrengend, auf jedes Geräusch zu lauschen. Und außerdem muss Toby noch hinschauen, ob aus dem Abfalleimer kein Geist aufsteigt. Da holt er lieber Monika und Peter!

Dicke, dunkle Wolken ziehen am Himmel entlang.

„Kommt ihr mit zu mir?", fragt Toby. „Ich bin allein. Wir könnten ein Konzert machen."

Er stellt sich vor, wie der Lärm die Stille aus allen Winkeln treibt.

Peter und Monika kommen mit. Zuerst spielt Peter auf der Blockflöte. Das klingt richtig schön. Und Monika bläst auf dem Kamm. Aber was soll Toby tun? Er nimmt einen Löffel und trommelt auf den Tisch.

„Du denkst wohl, wer am lautesten ist, ist am besten?", fragt Peter. „Ping!", schlägt er gegen die Heizung. Das schallt durch das ganze Haus.

„Ich kann noch lauter!", schreit Toby.

Er öffnet den Küchenschrank und holt zwei Topfdeckel heraus. Die haut er gegeneinander.

Monika hält sich die Ohren zu.

Peter lacht. Er nimmt den großen Suppenlöffel und trommelt auf dem Abfalleimer herum.

„Wenn ein Geist drinsitzt, wird er Ohrenschmerzen kriegen", denkt Toby.

„Na, Knirps?", grinst Peter.

Das hätte er besser nicht gesagt, denn davon wird Toby immer wütend.

„Ich ... ich ...", fängt er an.

„Pass mal auf", sagt Peter, „ich kann ein ganzes Orchester spielen lassen!"

Er knipst das Radio an und dreht es auf, so laut es nur geht.

„Pah!", schreit Toby gegen den Lärm. „Das kann ja jedes Baby! Aber ich! Wenn ich will..."

„Was denn?", fragt Peter und dreht das Radio ab.

Toby muss blitzschnell nachdenken. Dann fällt es ihm ein. Der größte Krach, den er kennt, ist der Donner.

„Ich kann ein Gewitter machen!", verkündet Toby.

„Bitte", sagt Peter, „mach!"

Toby schaut Peter und Monika an. Es ist eine dumme Sache. Doch genau in dem Augenblick saust ein Blitz am Fenster vorbei und der Donner dröhnt, dass das Haus erbebt.

Für einen Moment stehen sie alle drei starr vor Schreck. Dann rennt Toby ins Schlafzimmer und verschwindet mit einem Hechtsprung im Bett. Dass er so mächtig ist, hätte er nie gedacht! So mächtig ist Toby, dass er sich vor sich selbst fürchtet.

Ritt auf dem Bären

In der Nacht ist Toby auf dem braunen Bären geritten. Es war wohl im Traum. Aber als Toby am anderen Tag Monika und Peter davon erzählt, geraten ihm die Dinge ein wenig durcheinander.

„Wo wohnt der braune Bär?", fragt er zuerst.

„In Russland", sagt Peter und schnitzt weiter an seinem Schiff.

„Nein", sagt Toby, „hier muss es auch einen geben. Ich bin auf ihm geritten gestern Abend."

„Im Zoo ist einer", meint Monika. Sie macht winzig kleine, weiße Segel.

„Du spinnst", sagt Peter zu Toby.

„Nein!", schreit Toby. „Als ich vom Brötchenholen zurückkam, da war es schon dunkel und schrecklich gefährlich. Da kam der Bär und sagte: ‚Sitz auf, ich bringe dich heim!'"

„Und du hast dich auf ihn gesetzt?" Peter lacht. „Das solltest du mir mal vormachen!"

„Wir waren lange nicht im Zoo", meint Monika. „Gehen wir hin."

„Meinetwegen", sagt Peter. Er räumt das Schiffchen fort. „Wir müssen nur aufpassen, dass sie Toby nicht irrtümlich zu den Zwergaffen sperren."

Da ist Toby wütend. „Ich werd es euch zeigen", denkt er. Er beißt die Zähne aufeinander, dass es knirscht.

Zuerst kommen sie zur Giraffe und dann zu den Pinguinen. Die Pinguine mag Toby besonders gern. Aber heute hat er keine Zeit.

„Wo wohnt der braune Bär?", fragt er.

„Du bist schon noch früh genug da", meint Peter.

Die Ponys besuchen sie und die Flamingos, die auf einem Bein stehen und so schön sind. Dann kommen sie zum

Bärenkäfig. Der Bär sieht heute besonders brummig aus. Toby weiß nicht recht.

„Geht mal weg", sagt er zu Monika und Peter. „Ich muss mit ihm sprechen. – Bist du der Bär von gestern Nacht?", fragt er dann leise.

Der Braune zwinkert ihm zu.

„Ich muss noch einmal auf dir reiten", sagt Toby. „Wegen der anderen, verstehst du?"

Dass der Wärter die ganze Zeit zuhört, merkt Toby nicht.

„Na", fragt Peter, „was nun? – Toby kann nämlich auf dem braunen Bären reiten", erklärt er dem Wärter, der hinzugetreten ist.

Toby scheint es, als grinsten sie alle ein wenig.

„Kann ich auch!", ruft er.

„Also gut", sagt der Wärter. „Ich lasse dich reiten. Aber du musst die Augen schließen. Du darfst sie erst öffnen, wenn ich es sage."

Toby verspricht es. Und dann sitzt er auf dem Rücken des Tieres und reitet.

„Oh!", flüstert Toby glücklich, „Bär!" Und weil er es versprochen hat, hält er die Augen fest geschlossen.

„Nun schau mal hin!", sagt der Zoowärter endlich. Ja, da sitzt der Toby auf einem braunen Pony!

„Ooch!", macht er enttäuscht.

„War es nicht schön?", fragt der Mann.

„Doch", sagt Toby, „aber du hast geflunkert."

„Du auch ein bisschen", meint der Zoowärter, „oder?"

„Na ja", sagt Toby und denkt, dass der Bärenritt vielleicht doch ein Traum war.

Es ist manchmal nicht leicht für einen kleinen Jungen, die Träume von der Wirklichkeit zu trennen.

Alle Tage Äpfel

An einem frühen Herbsttag lassen Monika und Peter Drachen steigen. Toby schaut zu. Monikas Drachen ist rot, Peters Drachen ist in wilden, bunten Farben gestreift.

„Wie ein richtiges Ungeheuer", denkt Toby.

„Hast du keinen Drachen?", fragt Peter.

„Ich brauch keinen!", sagt Toby. Er haut mit dem Absatz ein Loch in die Wiese. Als die beiden mit ihren Drachen losrennen, läuft er hinterher.

„Willst du ihn mal halten?", fragt Monika endlich.

Toby nickt.

„Aber nicht loslassen!", sagt sie noch.

Dann hat Toby die Schnur. Stolz schaut er hoch. Aber plötzlich macht der Drachen einen Ruck und Toby lässt los. Er weiß selbst nicht, wie es gekommen ist.

„Toby!", schreit Peter. „Du Esel!"

Monika sieht ganz traurig aus.

„Lass ihn", sagt sie zu Peter. „Er ist eben noch zu klein für so was."

Toby starrt dem roten Punkt am Himmel nach und hat Tränen in den Augen. Wenn sie sagen, dass er zu klein ist, fühlt er sich jedes Mal, als schrumpfe er noch ein Stück.

Eine Weile stehen sie herum.

„Was machen wir jetzt?", fragt Peter dann.

„Wir klauen Äpfel beim alten Mosch!", sagt Toby.

Monika schüttelt den Kopf.

„Beim alten Mosch kann man keine Äpfel klauen. Der haut."

„Pah!", ruft Toby. „Ich esse alle Tage Äpfel von Mosch! Mich kriegt der nicht!"

Peter grinst.

„Gut", sagt er. „Gehen wir."

Schweigend gehen sie los. Toby fürchtet den alten Mosch mehr als die Hölle und Äpfel geklaut hat er noch nie.

„Na?", sagt Peter.

Sie sind da. Toby klettert über den Gartenzaun auf den untersten Ast. Sein Herz klopft wie wild und seine Hände sind feucht. Es ist still ringsum und ein Stückchen höher hängen die Äpfel.

„Es ist gemein, dass sie mich gelassen haben!", denkt Toby.

Er pflückt einen dicken, roten Apfel und noch einen und steckt sie rechts und links in seine Hosentasche. Er selbst will schon gar keinen. Er hat plötzlich Angst. Und tatsächlich – unterm Baum steht der alte Mosch!

„Komm runter!", sagt er.

Toby rutscht ein Stückchen. Der Alte hat ihn bei den Beinen und pflückt ihn ab wie eine Frucht. Rechts und links kollert ein Apfel aus der Hosentasche.

„Du darfst mich nicht hauen!", schreit Toby. „Das darfst du nicht!"

„Warum nicht?", knurrt der alte Mosch.

„Weil ...", sagt Toby. Er blickt zu Peter und Monika hinüber. Aber es hilft alles nicht. „Weil ich noch zu klein bin!", schreit er aus vollem Hals.

Da räuspert sich der alte Mosch und lässt ihn laufen. Er lässt ihn wahrhaftig laufen!

Toby schämt sich sehr. Aber Peter und Monika lachen ihn nicht aus. Nicht ein bisschen. Sie sind so nett, dass Toby schlucken muss.

Das beinah hochgehobene Pferd

„Was macht ihr denn da?", fragt Toby Peter und Monika.

„Wir bauen uns ein Haus", sagt Peter. „Hier am Waldrand stört uns kein Mensch." Und dabei hantiert er mit Baumstämmen und Steinen. Toby bewundert ihn. So schwere Dinge kann er nicht heben.

„Steh nicht rum!", sagt Peter. „Hilf lieber ein bisschen!"

„Lass ihn!", meint Monika. „Er ist doch noch klein."

„Pah!" Toby wirft den Kopf in den Nacken. „Ich kann noch ganz andere Sachen!"

„Was denn?", will Monika wissen.

„Ich ...", sagt Toby. Und dann denkt er fieberhaft nach. „Im Urlaub", erklärt er, „da hab ich ein Pferd aufgehoben."

„Angeber!", sagt Peter und rollt einen großen Stein vor sich her.

Da wird Toby zornig. „Es war ein braunes Pferd mit einem weißen Punkt auf der Stirn, jawohl!"

Monika lacht ihn aus.

„Kommt mit!", ruft Toby. „Wir suchen ein Pferd!"

Die beiden blinzeln sich zu. „Gut, gehn wir in die Stadt", sagen sie.

Hundert Autos begegnen sie, aber keinem einzigen Pferd.

„Versuch es doch mit einem kleinen Auto!", schlägt Peter vor. Aber Toby vergräbt die Hände in den Hosentaschen. „Es muss ein Pferd sein!", beharrt er. „Ich will es nämlich an den Beinen fassen. Autos haben keine Beine."

„Bitte", fragt Monika den Polizisten, „wo gibt es hier ein Pferd?"

„Was wollt ihr denn mit einem Pferd?", will der wissen.

„Nur so", erklärt Peter.

„Tja", überlegt der Polizist, „ich glaube, der Altwarenhändler hat eines, in der Engen Gasse."

Schmal und verwinkelt liegt die Enge Gasse in der Mitte der Stadt. Da hängen Vogelbauer vor den Fenstern, Katzen sonnen sich auf den Pflastersteinen und die Leute können ihren Nachbarn von gegenüber durch das Fenster die Hand reichen.

„Piepenbrink", steht da endlich, „Altwarenhändler".

Toby wird ganz still. Peter aber zieht an der Kupferglocke.

„Haben Sie ein Pferd?", fragt er den Mann, der herauskommt.

„Ja", sagt Herr Piepenbrink. „Aber ich verkaufe es nicht."

„Wir wollen es auch gar nicht kaufen", erklärt Monika. „Toby will es nur hochheben. Er ist nämlich furchtbar stark."

„Ach so", sagt Herr Piepenbrink und es scheint, als grinse er ein bisschen. „Dann kommt einmal mit."

Er führt die Kinder in den Stall. Das Pferd ist sehr groß. Langsam wendet es den Kopf und schaut Toby an.

„Ja", sagt Toby tonlos. Er schiebt sich die Ärmel hoch.

„Halt!", ruft da der Herr Piepenbrink, „es ist klar, dass du es heben kannst! Das sieht man doch gleich. Du kannst es dir also sparen. Vorige Woche war auch so ein Junge wie du hier und hat das Pferd hochgehoben. Und dann hat er es fallen lassen. Das tut dem Pferd nicht gut, weißt du?"

„Natürlich", sagt Toby befreit. „Die Hauptsache ist ja, ihr glaubt mir."

Und so hat er noch einmal Glück gehabt. Innerlich aber beschließt er, ab sofort nie mehr zu lügen.

Alphabetisches Inhaltsverzeichnis

Alle Tage Äpfel 122

Anemonenblüte und gelber Schmetterling 59

Bananen, nichts als Bananen 90

Bei den Tränentieren 108

Das beinah hochgehobene Pferd 124

Das elektrische Mädchen 76

Das Krokodil ist wasserscheu 26

Der fast nützliche Sockenstopfer 85

Der Fliegenwegpuster 78

Der frei schwebende Schirm 69

Der große Sturm 35

Die Erfindung der Antischnarchmaschine 80

Die Erfindung des Gummiautos 74

Die Erfindung des neuen Jahres 64

Die Eule ist fort 28

Die fünfundzwanzigste Kusine 41

Die Hasenwache 34

Die Hatschiritis ist es nicht 39

Die kleinen Kerle mit den riesigen Ohren 96

Die krokodilslange Geschichte 29

Die Nachtgespensterversammlung 60

Die Pinguine halten sich die Ohren zu 32

Dschungelzauber 116

Er baut eine Gymnastikmaschine 67

Es ist wie früher 45

Gespenster dürfen sich nicht fürchten 50

Hannibal ist verschwunden 52

In der Mompfenfalle gefangen 101

In jedem Wald ist eine Maus, die Geige spielt 8

Jeden Abend Hühnerbraten 54

Jemand wird selbstständig 48

Jump gähnt und gähnt ... 106
Kampf gegen die Jäger 37
Mäuse-Tanzvergnügen 94
Man muss sich besser kennen lernen 110
Mit nachtgespenstergroßen Augen 56
Maike will nicht Maike sein 14
Ritt auf dem Bären 120
Splitterfasernackt und mit angelegten Ohren 103
Toby macht ein Gewitter 118
Toby und sein Elefant 114
Vielleicht verbessert er die Welt 87
Was Erfinder alles erfinden 65
Was reimt sich auf Flitschelflabel? 43
Wenn Besuch kommt 82
Wer keinen Schnupfen hat, muss ins Gefängnis 99
Wie der Elefant den Löwen traf 24
Wie man Katzen retten kann 72
Willkommen auf dem Regenstern! 92
Zum Beispiel ein Elefant 19
Zum Beispiel ein Kater 17
Zum Beispiel ein Kirschbaum 21
Zum Beispiel eine Schwalbe 16

Motherfucker

Gérard denkt täglich über die vielen Gründe nach, aus denen er Amerika hasst. Diese beinhalten, beschränken sich aber nicht auf: die Menschen; das Wetter, insbesondere die Kälte; dass man für alles ein Auto braucht; dass man jeden Tag zur Schule gehen muss. Gérard ist vierzehn. Er hasst alles Mögliche.

Am ersten Tag an der neuen Schule soll Gérard sich der Klasse vorstellen. Er steht auf, sagt seinen Namen, setzt sich schnell wieder hin und starrt auf sein Pult, das er jetzt schon hasst. »Was für ein interessanter Akzent«, flötet die Lehrerin. »Woher kommst du denn?« Er hebt den Kopf. Er ist gereizt. »Haiti«, sagt er. Die Lehrerin lächelt breit. »Sag mal was auf Französisch.« Gérard gehorcht: »*Je te déteste.*« Die Lehrerin klatscht aufgeregt in die Hände. Sie spricht kein Französisch.

Die Information verbreitet sich rasch, und schon bald hat Gérard in der Schule einen Spitznamen. Die anderen nennen ihn HBO. Erst Wochen später versteht er, wofür die Abkürzung steht.

Gérard wohnt mit seinen Eltern in einer Dreizimmerwohnung. Er teilt sich ein Zimmer mit seiner Schwester und seinem Cousin Edy. Sie haben kein Kabelfernsehen, aber Edy, der schon ein paar Monate länger in den Staaten ist als Gérard, lügt ihn an und sagt, HBO stünde für Home Box Office, einen Privatsender mit Bruce-Willis-Filmen. Gérard hasst die Tatsache, dass sie kein Kabelfernsehen haben, aber er liebt Bruce Willis. Er ist stolz auf seinen neuen Spitznamen. Wenn die Jungs in der Schule ihn HBO nennen, antwortet er: »Yippie-ka-yay.«

Gérards Vater duscht nicht jeden Tag, weil er sich an Sanitäranlagen in geschlossenen Räumen erst noch gewöhnen muss. Stattdessen begnügt er sich jeden Morgen mit einer Katzenwäsche über dem Waschbecken und spart sich den Luxus einer Dusche fürs Wochenende auf. Manchmal sitzt Gérard auf dem Wannenrand, beobachtet seinen Vater und denkt an zu Hause. Er kennt das Ritual auswendig: Sein Vater spritzt sich Wasser unter die Achseln, seift sie ein, spült den Schaum ab und reibt sich dann mit einem feuchten Waschlappen über Brust, Nacken und Ohren. Dann schickt er Gérard hinaus, um sich zwischen den Beinen zu waschen. Das Ritual endet damit, dass er sich das Gesicht abtrocknet und die Zähne putzt. Danach geht er zur Arbeit. Zu Hause war er Journalist, in den Staaten schneidet er acht Stunden täglich Wurstwaren an der Frischetheke eines Delis und gibt vor, nur gebrochen Englisch zu sprechen.

Im zweiten Monat an der neuen Schule findet Gérard eine Tüte mit billigen Parfums in seinem Spind. Jemand hat in dicken Großbuchstaben »für HBO« daraufgeschrieben. Ein seltsames Geschenk, denkt Gérard. Obwohl sie einen widerlichen Geruch verströmt, nimmt er die Tüte mit nach Hause und zeigt sie seinem Cousin. Edy verdreht die Augen, zieht aber trotzdem ein Fläschchen heraus. Seine Freundin wird sich darüber freuen. »Diese Motherfucker«, sagt er, weil er im Gegensatz zu Gérard schon ein paar Schimpfwörter kennt. Er erklärt Gérard, was HBO wirklich bedeutet. Gérard ballt die Hände zu Fäusten. Er denkt an die Motherfucker, mit denen er zur Schule geht, und wie sehr er sie hasst. Am nächsten Morgen übergießt er sich mit so viel Parfum, dass seinen Mitschülern die Augen tränen.

Wenn sie ihn HBO nennen, schmückt er das Yippie-ka-yay mit einem kleinen Zusatz aus.

Der Akzent
meines Vaters

Er weiß, dass man ihn hören kann. Er ist schwer, noch schwerer sogar als der meiner Mutter. Mein Vater lebt seit fast dreißig Jahren in Amerika, aber seine Stimme klingt nach Port-au-Prince, nach überfüllten Straßen und gellenden Autohupen; sie riecht nach Grillfleisch, geröstetem Mais und einer drückenden, reglosen Hitze.

In seiner Stimme hören wir ihn auf Kokospalmen klettern. Er klammert sich barfuß und mit sandigen Schenkeln an den Stamm und schlägt die Nüsse mit einer stumpfen Machete ab. Wir hören ihn zu Kompa tanzen, er wiegt sich hin und her und hat sich eine Hand an den Bauch gelegt, während die andere über seinem Kopf schwebt. Wir hören alles über Toussaint L'Ouverture und Henri Christophe und den Stolz, der erste freie Schwarze zu sein. Wir hören seine Verbitterung, wenn er im Fernsehen Nachrichten aus der Heimat sieht oder mit den Zurückgebliebenen telefoniert.

Wenn meine Brüder und ich ihn nachäffen, lächelt er geduldig: vor jedem Vokal ein »H«, kein Plural bekommt ein »S«.

»Ihr macht euch über mich lustig, aber ihr versteht mich ohne Probleme, oder?«, fragt er. Wir nicken. Wir bitten ihn, »American Airlines« zu sagen. Wenn er uns den Gefallen tut, kriegen wir keine Luft mehr vor Lachen.

Viele Jahre lang hatten wir gar nicht bemerkt, dass unsere Eltern mit Akzent sprachen und ihre Stimmen für feindselige amerikanische Ohren anders klangen. Wir hingegen hörten nichts als Heimat.

Aber dann kam uns die Welt dazwischen. Wie immer.

Voodookind

Meine College-Mitbewohnerin hat erfahren, dass ich Haitianerin bin, und weil sich das Internet in den Händen von Schwachköpfen befindet, glaubt sie seither, ich praktiziere Voodoo. Ich unternehme nichts, um ihre Befürchtungen zu zerstreuen, obwohl ich Katholikin bin und mein gesamtes Voodoo-Wissen aus einem Film mit Lisa Bonet stammt, über den sich Bill Cosby angeblich furchtbar aufgeregt hat (als hätte er das Recht, sich über irgendetwas oder irgendwen aufzuregen).

Nachts singe ich leise Beschwörungen und zünde Kerzen an. Tagsüber trage ich Rot und Weiß, bemale mir das Gesicht und tanze wie eine Besessene. Ich lasse eine kleine Stoffpuppe auf meinem Schreibtisch liegen. In der Puppe, die meiner Mitbewohnerin ähnlich sieht, stecken viele strategisch platzierte Nadeln. Ich liebe es, sie zu verarschen. Sie hat mir das größere Zimmer mit den besseren Möbeln überlassen, und in der Mensa bietet sie mir nach dem Essen an, mein Tablett in die Spülküche mitzunehmen.

Manchmal fahren wir mit dem Bus nach Manhattan und gehen shoppen, anschließend tanzen und trinken wir und reißen verdorbene New Yorker Jungs auf. Ich bin der Lieblingsdämon meiner Mitbewohnerin.

Als wir einmal die Grand Central Station verlassen, kommt eine dicke, ältere Frau auf mich zu, packt mich beim Arm und verbeugt sich hektisch.

Meine Mutter hat mir immer eingeschärft, dass man vor Verrückten am besten langsam zurückweicht; und die Verrückten sind überall. Als meine Mutter in die Staaten kam, wohnte sie im schlimmsten Viertel der Bronx, jenem Teil, der bis zur Unkenntlichkeit abgebrannt ist. Sie hat sich bis heute nicht davon erholt.

Dort, vor der Grand Central Station, krallte meine Mitbewohnerin ihre Finger in meinen Arm, bis ich blutete. Als wäre ich mit der Lage weniger überfordert als sie.

Im Zurückweichen merkte ich, dass die Fremde in Kreol auf mich einredete. Ich kannte sie, obwohl ich sie nie gesehen hatte. »*Ki sa ou vle?*«, fragte ich, und sie erklärte mir, ich sei eine berühmte Mambo-Priesterin. Es sei ihr eine große Ehre, mir hier in Amerika zu begegnen. Sie nahm mich bei den Handgelenken, küsste meine Handflächen und drückte sie sich an die Wangen. Ich glaube, sie wollte meinen Segen. Ich war mit den Gedanken bei den unanständigen New Yorker Jungs, die meine Mitbewohnerin und ich später kennenlernen würden.

Da ist kein »E« in
Zombi, was bedeutet,
dass es kein Du und
kein Wir geben kann

[EIN HANDBUCH]

[Was Amerikaner nicht über Zombis wissen:]

Sie sind nicht tot, sondern nur dem Tod sehr nah, was nicht dasselbe ist.

Sie sind echt.

Sie essen kein Menschenfleisch.

Sie vertragen kein Salz.

Sie wanken nicht mit steif vorgereckten Armen durch die Gegend.

Man kann sie retten.

[Wie das Wort Zombi ausgesprochen wird:]

Saahhnnnn-Bi. Man sollte es am Gaumen spüren.

Man sollte es zügig aussprechen.

Das »M« ist stumm. Gewissermaßen.

[Wie man einen Zombi macht:]

Zunächst einmal braucht man einen Grund. Einen sehr guten.

Man braucht einen Kugelfisch und ein wenig Blut und Haare des ausgewählten Kandidaten.

Anleitung: Töten Sie den Kugelfisch. Seien Sie dabei nicht zimperlich. Extrahieren Sie das Gift (Überlegen Sie sich was). Anschließend lassen Sie es trocknen. Zerstoßen Sie Blut und Haare zu Ihrem persönlichen Coup de Poudre (eine fähige Apothekerin kann Ihnen dabei helfen). Pusten Sie den Puder ins Gesicht des Kandidaten. Warten Sie ab.

[EINE LIEBESGESCHICHTE]

Micheline Bérnard war schon seit Ewigkeiten in Lionel Desormeaux verliebt. Ihre Eltern waren befreundet gewesen, jedoch hatte sich der joviale Umgang nie so recht auf die Kinder übertragen. Micheline und Lionel hatten zusammen die Grund- und dann die Sekundarschule besucht und sich ihr Leben lang gekannt. Wenn Lionel Micheline sah, überkam ihn ein Gefühl vager Vertrautheit. Wenn Micheline Lionel sah, überkam sie ein Gefühl absoluter Gewissheit, den Mann ihrer Träume vor sich zu haben. In Wahrheit waren alle in Lionel Desormeaux verliebt. Er war groß, hatte braune Haut, hohe Wangenknochen und volle Lippen. Wenn er nach einem langen Tag am Meer aus dem Salzwasser stieg, glitzerte sein muskulöser Körper. Micheline saß in einer der Strandhütten und war unsichtbar. Sie leckte sich die

Lippen, stierte und dachte bei sich: *Sieh mich an, Lionel!* Aber er tat es nie.

Lionels Gang war lässig. Er bewegte sich langsam, aber zielgerichtet, und wenn er vorbeiging, schworen manche Leute, sie hätten ein dumpfes Trommeln gehört. Seine Mutter, die ihren einzigen Sohn über alles liebte, sagte ihm immer: »Lionel, du bist der Sohn von L'Ouverture.« Er glaubte ihr. Er glaubte alles, was seine Mutter ihm erzählte. Zu seinen Freunden sagte er: »Mein Vater hat unser Volk befreit. Ich bin sein wichtigster Sohn.«

In Port-au-Prince gab es zu viele Frauen. Micheline wusste, dass es um Lionels Aufmerksamkeit einen harten Wettkampf gab. Sie war zierlich und attraktiv. Das Haar frisierte sie sich zu einem adretten Knoten, nur am Wochenende trug sie es offen. Wenn sie vorüberging, riefen die Männer: »*Quelle belle paire de jambes*«, was für schöne Beine, und Micheline genoss den Nervenkitzel von so viel Aufmerksamkeit. Freitagabends traf sie sich meistens mit ihren Freundinnen im *Oasis*, einem beliebten Nachtklub am Rand des Bel-Air-Slums. Sie trank fruchtige Cocktails, rauchte französische Zigaretten und trug einen Rock, der genau die richtige Länge Bein zeigte. Lionel war ständig von einem Mob aus Bewunderinnen umgeben. Er trug eine gebügelte Leinenhose und ein dunkles T-Shirt, das seine definierten Oberarme perfekt zur Geltung brachte, fläzte sich auf ein Sofa mitten im Raum und ließ sich Cola-Rum spendieren. Am Ende des Abends wählte er eine Frau aus, lud sie zu sich nach Hause ein, nahm sie gründlich ran und wünschte ihr am nächsten Morgen alles Gute. Der steinerne Pfad zu seiner Haustür war von salzigen Tränen und getragenen Slips der Frauen gesäumt, die Lionel erst versext und dann verstoßen hatte.

An ihrem Geburtstag beschloss Micheline, am Abend diejenige zu sein, die mit Lionel nach Hause ging. Sie schlüpfte in ein buntes, schulterfreies Kleid und tupfte sich Parfum überall dorthin, wo sie Lionels Lippen spüren wollte. Ihre High Heels waren so hoch, dass ihr Bruder sie auf dem Weg in den Nachtklub stützen musste. Als Lionel erschien und Hof hielt, sorgte Micheline dafür, dichter neben ihm zu sitzen als jede andere. Sie lächelte viel, krümmte ganz leicht die Schultern und beugte sich vor, damit er einen möglichst guten Blick auf ihre üppige Oberweite hatte. Als der Abend endete, nickte Lionel in ihre Richtung und sagte: »Meine liebe Micheline, heute Nacht sollst du die Zuneigung des wichtigsten Sohnes von L'Ouverture zu spüren bekommen.«

Im Bett verliebte Micheline sich heftiger in Lionel, als sie es sich hätte vorstellen können. Er kniete zwischen ihren Schenkeln und massierte ganz sanft ihre

Knie. Er strahlte sie an, und ein heller Lichtspeer fiel auf ihren Körper. Micheline streckte die Hände nach Lionel aus, berührte seine Haut und spürte ein Kribbeln. Als er in sie eindrang, zog ihr Herz sich so schmerzlich zusammen, dass sie fürchtete, sie müsse sterben. Er flüsterte ihr ins Ohr, und sein Atem war so heiß, dass sie Brandblasen davon bekam. Er sagte: »Alles auf dieser Insel ist mein. Du bist mein.« Micheline stöhnte: »Ich bin dein Sieg.« Er sagte: »Ja, heute Nacht bist du das.« Während er sie fickte, hörte Micheline das Wummern einer dumpfen Trommel.

Am nächsten Morgen begleitete Lionel sie nach Hause und gab ihr einen keuschen Kuss auf die Wange. Als er gehen wollte, ergriff Micheline seine Hand, drückte den Daumen auf seine Knöchel und sagte: »Heute Abend komme ich zu dir.« Lionel legte ihr einen Finger auf die Lippen und schüttelte den Kopf. »Nein, meine Liebe, wir hatten unsere Nacht.«

Lange Zeit schaffte Micheline es nicht, aus dem Bett aufzustehen. Sie musste immerzu an Lionels Berührungen denken, an seine Worte, und wie ihr Inneres sich an ihn geschmiegt hatte. Ihre Eltern riefen einen Arzt, dann einen Priester und am Ende eine Mambo. Letztere allerdings erst nach langem Zögern, schließlich waren sie gute Katholiken. Doch sie konnten den Anblick ihrer jüngsten Tochter, die reglos im Bett lag und weder sprach noch aß, nicht mehr ertragen. Die Mambo setzte sich an die Bettkante und schnalzte mit der Zunge. Sie befühlte Michelines schlaffes Handgelenk und fragte: »Die Liebe?«, und Micheline nickte. Die Mambo scheuchte die Eltern hinaus. Sie gingen freiwillig, denn sie waren überglücklich darüber, dass ihr Kind sich endlich rührte. Die alte Mambo beugte sich so tief hinunter, dass Micheline ihre trockenen Lippen am Ohr spüren konnte.

Als die Mambo gegangen war, nahm Micheline ein Bad und betupfte sich überall dort mit Parfum, wo sie Lionels Lippen spüren wollte. Sie ging ins *Oasis*, wo Lionel in der Mitte des Raumes saß und ein hellhäutiges, junges Ding auf den Knien hielt. Micheline stieß das Mädchen beiseite und nahm ihren Platz ein. Sie sagte: »Wir hatten unsere Nacht, aber wir haben eine zweite verdient«, und da erinnerte Lionel sich an ihr köstliches Stöhnen, an ihre drallen Oberschenkel, und wie sie den heldenhaften Eroberer in ihm gesehen hatte, der er tatsächlich war.

In der Nacht liebten sie sich, und Micheline war wie besessen. Sie krallte Lionel ihre Finger in die Schultern, bis er blutete. Sie verschränkte die Knöchel hinter seinem Rücken und versenkte die Zähne in seinem starken Oberarm. Die beiden tauschten keine Kosewörter aus. Am nächsten Morgen ging

Micheline nach Hause, noch bevor Lionel aufgewacht war. Sie eilte in die Küche, füllte den Mörser mit dem geronnenen Blut, das unter ihren Fingernägeln und zwischen ihren Zähnen klebte, gab ein paar Haare von Lionel hinzu und ein Pulver, das die Mambo ihr gegeben hatte. Sie zerrieb alles und füllte den sogenannten Coup de Poudre in ein Säckchen aus Seide. Sie lief zurück zu Lionel, der immer noch schlief, öffnete das Säckchen – und hielt inne. Sie strich ihm über Wangen und Kiefer und küsste ihn auf die Stirn, und dann pustete sie ihm den kostbaren Puder ins Gesicht. Lionel hustete im Schlaf und erschlaffte dann. Micheline zog sich aus, legte sich neben ihn und schob ihren Arm unter seinen. Sie küsste ihn in den Nacken und fühlte, wie sein Körper kälter wurde.

So ineinander verschlungen schliefen sie drei Tage lang. Lionels Haut wurde klamm und grau, seine Augen hohl. Nach einer Weile roch er nach Erde und dem salzigen Wind. Micheline wachte auf und flüsterte: »Dreh dich um und sieh mich an.« Lionel drehte sich langsam um und betrachtete sie aus weit aufgerissenen, starren Augen. Die körperliche Veränderung verschlug ihr den Atem. Sie sagte: »Berühr mich«, und Lionel grabschte mit schwerer Hand nach ihr, bis sie sagte: »Berühr mich zärtlich.« Sie sagte: »Setz dich auf.« Lionel gehorchte

und schwankte von einer Seite zur anderen, sodass
Micheline ihn stützen musste. Sie küsste ihn auf die
schmalen Lippen und die dünnen Finger. Sein kalter
Leib machte sie so traurig, dass es kaum auszuhal-
ten war. Sie sagte: »Lächle«, und seine Lippen verzogen sich zu einer Grimasse, die vage an ein Lächeln
erinnerte. Micheline dachte an das zweite Seiden-
säckchen, das daheim in der Bibel unter ihrem Kopf-
kissen steckte. Das Säckchen mit dem Puder, der
Lionel in den Mann zurückverwandeln würde, der
er gewesen war – hochgewachsen und energetisch,
der wichtigste Sohn von L'Ouverture, der Mann, bei
dessen Schritten die Erde donnerte wie eine Trommel. Sie zwang sich, den Puder zu vergessen und
stattdessen den Mann in Erinnerung zu behalten.
Sie legte eine Hand an Lionels spitzen Wangenknochen und sagte: »Liebe mich.«

Zucker

Meine Großmutter ist siebenundachtzig Jahre alt und hat ihrer Pflegerin einen neuen Namen gegeben. Der richtige Name der Frau gefiel ihr nicht, angeblich hinterließ er einen schalen Geschmack auf ihrer Zunge. Sie nennt die Pflegerin Maria, was bedeutet, dass wir anderen sie nun ebenfalls Maria nennen müssen. Maria erzählt mir die Geschichte jedes Mal, wenn ich meine Großmutter besuche. Meine Großmutter wohnt im Haus meiner Tante, gleich neben einer anderen Tante in einer Straße, in der ich noch weitere Tanten und auch ein paar Onkel habe. Wenn ich Maria begegne, sage ich ihr, dass ich über sie schon alles weiß, was es zu wissen gibt, denn im komplizierten Geflecht meiner Familie verbreiten sich Informationen verstörend schnell. »Über dich könnte ich dasselbe sagen«, antwortet sie. Bei ihren Blicken wird mir unwohl. Sie sieht mich an, wie ein Mann es tun würde.

Ich bin zu Besuch, weil meine Großmutter zu meiner Mutter gesagt hat, sie wolle nicht sterben, ohne ein letztes Mal ihre jüngste Enkelin gesehen zu haben. Solche Wünsche äußert sie ständig. Sie liegt seit fast zwanzig Jahren im Sterben. Andererseits lebt niemand ewig.

Maria hat einen dicken Hintern. Meine Großmutter sagt ihr das immer wieder, denn meine Großmutter hat ein Alter erreicht, in dem den Menschen jegliches Taktgefühl abhandenkommt. Obwohl meine Großmutter sich viele Gedanken um die Größe von Marias Hintern macht und sich zudem weigert, sie bei ihrem richtigen Namen zu nennen, kommen die zwei ganz gut miteinander aus. Maria behandelt meine Großmutter, als wäre sie ihre eigene. Jeden Abend vor dem Schlafengehen bürstet sie ihr das dünne, silbrige Haar. Sie diskutieren über die Sendungen, die sie im Fernsehen sehen. Sie reden über die Inseln, auf denen sie geboren wurden, über die warme Sonne, unter der sie damals lebten.

Am ersten Abend schläft meine Großmutter während der Fernsehnachrichten ein. Kriegsberichte erschöpfen sie. Maria und ich rauchen eine Zigarette im kleinen Hof hinter dem Haus und lehnen uns an die Ziegelmauer. Meine Großmutter hat nicht unrecht, was Marias Hintern betrifft, aber Maria ist trotzdem attraktiv, ein bisschen älter als ich, weiße Zähne, weiche, süßlich duftende, dunkelbraune Haut.

Ich frage nach ihrem richtigen Namen, aber sie winkt müde ab. »Nenn mich einfach Maria.«

Ihr Akzent klingt vertraut. Der Abend ist kalt und

jeder Atemzug schmerzt, denn unsere Insulanerin-
nenhaut ist die eisigen Temperaturen nicht gewohnt.
Wenn Maria ausatmet, atme ich ein.

»Arbeitest du gern in deinem Job?«, frage ich.

Maria zuckt die Achseln und tippt etwas Asche
von ihrer Zigarette. Ich kann die Konturen ihres Ge-
sichts nicht mehr erkennen. Sie kommt näher heran
und beugt sich vor, bis ich ihre Brüste an meinen
spüre. »Arbeitest *du* gern in *deinem* Job?«

Ich bekomme heiße Wangen.

Im Laufe der nächsten Tage entwickelt sich eine
Routine. Wenn Maria eine Zigarette rauchen will, berührt sie mich an der Schulter und lässt die Finger
einen Moment zu lange verweilen. Ich folge ihr dann
in den Hof, wo sie mich zu meinem Leben ausfragt.
Ihre Fragen tragen die Handschrift meiner Familie.
Ich antworte ausweichend.

Am Freitagabend packt Maria ihre Sachen zusammen und die Nachtpflegerin kommt, eine weniger
angenehme Frau. Sie macht es sich vor dem Fernseher bequem, gleich neben meiner schläfrigen Tante,
deren feuchte Unterlippe herunterhängt. Maria
nickt in Richtung Tür, ich folge ihr. Auf der Vortreppe
sagt sie: »Ich koche«, und ich sage: »Ich esse.« Sie
drückt mir einen fest zusammengefalteten Zettel in
die Hand.

Darauf hat Maria in Druckschrift ihre Adresse notiert. Die Zahlen sehen so säuberlich aus wie auf einem Taschenrechner, selbst die Sechsen und die Neunen. Als ich dort ankomme, sind meine Fingerspitzen taub. Maria hat den Kittel gegen einen Jeansrock und ein rotes Trägertop aus Seide getauscht. Ich stehe verlegen im Hausflur und schiebe mir die Hände unter die Achseln.

»Du hättest nicht für mich kochen müssen. Das gehört nicht zu deinem Job.«

Maria legt den Kopf schief. Sie geht in die Wohnung, ich folge ihr. Die Räume sind klein, aber sauber. An den Wänden hängen viele Fotos, die meisten in Schwarz-Weiß. Wir gehen durch einen langen Flur in die Küche, die Luft dort ist warm und feucht. Meine Poren öffnen sich in freudiger Erwartung.

»Kann ich dir irgendwie helfen?« Maria zieht eine Augenbraue hoch und schüttelt den Kopf. Sie zeigt auf einen Stuhl, ich setze mich und ziehe mir die Jacke aus.

Ich besuche meine Angehörigen nicht oft. Ich bin jetzt schon erschöpft – sie sind in der Überzahl und furchtbar anstrengend, zerren mich in fleischige Umarmungen und uralte, kleinliche Fehden. In Los Angeles lebe ich in einem großen Loft mit einem Mann namens Campbell zusammen. Er arbeitet sehr viel. Er ist Agent und kümmert sich um seine auserlesenen, wahnsinnig berühmten Klienten. Er stellt sicher, dass sie wahnsinnig viel Geld verdienen, und verdient damit selbst wahnsinnig viel Geld. Wir sind verheiratet, und unsere Ehe ist schwierig, aber gut. Besser als gut. Als er mir den Antrag machte, sagte er, er könne mich verstehen. Er sagte, er verlange nur das eine von mir: ihn zu lieben. Und ich liebe ihn wirklich. Ich gehe keiner bezahlten Arbeit nach, obwohl ich mehrere Universitätsabschlüsse habe; auf Außenstehende wirkt mein Lebensstil vermutlich lächerlich, gelinde gesagt. Fünf Tage pro Woche helfe ich in einer Klinik aus, wo alle mich für einen weitaus besseren Menschen halten, als ich es tatsächlich bin. Wenn Campbell besonders spät nach Hause kommt, begrüße ich ihn mit einem Gin Tonic. Wir reden über seinen Tag. Ich frage ihn, ob er eine Pause von alldem braucht und ob ich ihm etwas von der Bürde unseres gemeinsamen Lebens abnehmen soll. Er drückt meine Schulter, küsst mich, trinkt einen großen Schluck und küsst mich noch einmal. Er sagt, er kümmere sich gern um mich.

Ich habe Campbell in der Notaufnahme kennengelernt. Er wirkte gehetzt und stand wild ins Handy tippend am Bett seines Klienten, einem auf Schurkenrollen abonnierten Schauspieler, den ich aus der Klatschpresse kannte und der jetzt leise stöhnend auf der Seite lag. Als er sich auf den Rücken drehte, sah ich eine große Beule an seiner Stirn, und daneben eine tiefe Platzwunde. Er stank nach Alkohol. Meine Schicht war lang und chaotisch gewesen, und das Letzte, was ich gebrauchen konnte, war ein betrunkener Schauspieler. Hat man einen behandelt, hat man sie alle behandelt. Mit einem schnappenden Geräusch zog ich mir ein Paar Einmalhandschuhe über und untersuchte den Patienten. Er machte einen anzüglichen Kommentar, ich gab ihm einen Klaps auf die Finger. Im Hintergrund standen drei Krankenschwestern und kicherten aufgeregt. Ich drehte mich um und funkelte sie böse an, aber sie konnten sich nicht zusammenreißen. Irgendwann sagte ich ihnen, ich würde das allein schaffen, und schloss die Vorhänge. Campbell sah mich an. Er hatte graue Augen. Ich war noch dabei, mich zu fragen, ob ich je einen Schwarzen mit grauen Augen gesehen hatte, als er den Mund aufmachte.

»Hören Sie, Doc«, sagte er, »am besten wäre es, wenn Sie ihn einfach zusammenflicken, kurz an den Tropf hängen und bald wieder gehen lassen. Keine Formulare, keine Krankenakte.«

Ich verengte die Augen. »*Doc*? Wir sind hier nicht im Fernsehen, sondern im Krankenhaus.«

Campbell kam ums Bett herum auf mich zu. Er war sehr groß und sah auf mich herab, aber ich wich seinem Blick nicht aus. Er drückte meinen Arm.

»Spiel einfach mit, Schwester. Du weißt doch, wie das in dieser Stadt läuft.«

Ich machte mich los. »Ich bin nicht Ihre Schwester. Ich bin nicht aus dieser Stadt. Ich habe leider keine Ahnung, *wie das hier läuft.*«

Der Schauspieler fing an zu brüllen.

Stunden später war ich im Schwesternzimmer und erledigte Papierkram. Immer so viel Papierkram. Ich war müde und wollte nach Hause, ich wollte raus aus dem Kittel und heiß und lange duschen. Jemand tippte mir auf die Schulter. Ich drehte mich um und sah Campbell. Ich stand auf und holte tief Luft.

Er hob die Hände. »Ich komme in Frieden. Ich wollte Ihnen einen Waffenstillstand anbieten.«

Ich stemmte die Hände in die Hüften. »Wir werden Ihren Klienten für eine Nacht dabehalten, mindestens. Ich bin allerdings nicht mehr für ihn zuständig. Morgen ab zehn können Sie ihn besuchen.« Ich wandte mich wieder dem Papierkram zu.

Campbell lehnte sich an den Schreibtisch und verschränkte die Füße. »Tja, dann«, sagte er. »Was muss man tun, um Sie ohne diesen Kittel zu sehen?«

Ich sah nicht mal auf. »Nichts, wozu Sie fähig wären.«

Er atmete geräuschvoll aus und ging murmelnd hinaus. Was er sagte, war nicht nett.

»Ich habe das gehört«, rief ich ihm nach.

Wochen später hatte ich Nachtschicht. Zwei Uhr morgens, alles war ruhig, ich saß im Pausenraum. Den auf Schurkenrollen abonnierten Schauspieler und seinen Agenten hatte ich schon lange vergessen. Ich betrachtete den Joghurtbecher in meiner Hand. Der Inhalt war längst abgelaufen, aber ich aß ihn trotzdem. Ich wusste ja, was im schlimmsten Fall passieren würde. Campbell kam herein, und ich hob den Kopf, den Löffel noch im Mund.

»Sie dürfen hier nicht rein«, sagte ich und schluckte.

»Wenn ich Sie schon nicht ohne den Kittel sehen darf, werde ich mich damit trösten, Sie mit Kittel zu sehen.«

Ich versuchte, mir meine Nervosität nicht anmerken zu lassen. »Ihr Klient wurde längst entlassen. Ich wüsste nicht, was ich noch für Sie tun könnte.«

Campbell überreichte mir seine Visitenkarte. »Sie könnten mit mir ausgehen.«

Ich hielt die Karte ins Licht. »Soll das eine Drohung sein?« Ich warf die Karte gegen seine Brust, er fing sie auf und lachte.

»Was stimmt mit Ihnen nicht?«

»Ich bin eine humorlose Fachärztin in Ausbildung und arbeite neunzig Stunden pro Woche.«

»Was tun Sie in den übrigen achtundsiebzig Stunden?«

»Schlafen. Allein.«

Campbell rieb sich nickend das Kinn, dann setzte er sich aufs Sofa und schlug die Beine übereinander. »Sie stellen mich vor eine große Herausforderung. Wenn Sie neunzig Stunden pro Woche arbeiten und die restlichen achtundsiebzig schlafen, bleibt nicht viel Zeit für anderes.«

»Tut mir leid. Ich weiß nicht, was Sie von mir wollen. Soll ich mich Ihnen an den Hals werfen?«

Er klopfte neben sich. »Das wäre ein Anfang.«

Ich setzte mich auf einen möglichst weit entfernten Stuhl. »Nehmen wir mal an, ich würde mit Ihnen ausgehen. Sie laden mich zum Essen ein und danach vielleicht zu einer schicken Filmpremiere, wo Sie mich berühmten Leuten vorstellen. Wir landen im Bett. Ich bin zutiefst unbefriedigt. Wir versuchen es noch ein paarmal, aber irgendwann wird es Ihnen zu langweilig, denn ich bin ein denkendes Wesen. Dann wären wir am selben Punkt wie jetzt. Also lassen wir es einfach und tun so, als hätten wir es probiert.«

Campbell beugte sich vor und stützte die Ellenbogen auf die Knie. »Ihre Wut ist faszinierend.«

»Wieso glauben Männer immer, eine Frau wäre wütend, wo sie doch nur ehrlich ist? Ich bin nicht wütend.«

Er stand auf. »Darüber muss ich nachdenken«, sagte er und verschwand.

Ab da besuchte er mich so häufig, dass die ganze Notaufnahme darüber lachte. Meine Kollegen schlossen Wetten ab, wann ich nachgeben und mit Campbell ausgehen würde. Ich nannte ihn einen Stalker, er nannte mich hinreißend. Ich sagte, er sei ein überhebliches Arschloch, er pflichtete mir aus tiefstem Herzen bei. Ein Monat verstrich, und dann blieb er plötzlich zwei Tage am Stück weg. Ich blaffte die Schwestern an und schaffte es nicht, meinen Frust zu verbergen. Als Campbell am dritten Tag wieder auftauchte, zeigte ich ihm eine besonders kalte Schulter.

»Sie haben mich vermisst, oder?«, fragte er.

Ich studierte gerade die Röntgenaufnahme eines gebrochenen Beins, das ich gleich richten würde. »Ich habe keine Ahnung, was Sie meinen.«

Er nahm mir die Röntgenaufnahme aus der Hand. »Die Pflegerinnen sagen, seit meinem letzten Besuch wären Sie ziemlich reizbar.«

»Nur ein Mann mit Ihrer Arroganz würde das auf sich beziehen.«

Er grinste breit. »Dann stimmt es also.«

Ich riss ihm das Röntgenbild aus der Hand und schnitt mir dabei in den Finger. Ich hopste jaulend auf der Stelle und saugte an der Wunde.

»Zeig mal her, Heulsuse«, sagte er.

Zögerlich streckte ich den Arm aus. Campbell

nahm sanft mein Handgelenk, drehte es hin und her und betrachtete meinen Finger. Er verschwand und kehrte mit einem Pflaster zurück, das er vorsichtig auf den Schnitt drückte. Er küsste mich auf die Fingerspitze und sagte:»Ich war geschäftlich verreist. Filmfestival in Utah.«

Während ich das Pflaster untersuchte, fuhr er fort:»Sie sollten bald zur Nachkontrolle kommen. Beim Abendessen. Nicht hier.«

Ich nickte geistesabwesend.»Klar.«

Er stieß eine Faust in die Luft, und da erst bemerkte ich meinen Fehler. Der Chefarzt hatte den Jackpot gewonnen, nach siebenundvierzig Tagen.

Zu unserem ersten Date trafen wir uns in einem Bistro in Downtown L.A. Ich betrachtete Campbells Haaransatz, diese furchtbar attraktiven grauen Schläfen, mit denen manche Männer gesegnet sind. Er ist zehn Jahre älter als ich und war schon einmal verheiratet. Er wollte mir von seiner ersten Ehe erzählen, aber ich beugte mich vor und legte ihm zwei Finger an die Lippen.»Besser nicht. Wir sollten nicht hier sitzen und über Menschen reden, die wir früher mal geliebt haben. Ich bin es leid, mir anzuhören, was ihr Männer alles bedauert.«

Campbell riss die Augen auf und lachte schallend. »Was zur Hölle?«

»Soll ich dir wirklich von dem letzten Mann erzählen, mit dem ich geschlafen oder den ich geliebt habe? Den letzten drei?«

Er lehnte sich zurück und verschränkte die Finger hinter dem Kopf. »Nein«, sagte er schließlich. »Auf keinen Fall.«

»Da ist der Abend doch gleich viel schöner, findest du nicht?«

Bevor er antworten konnte, wurden wir vom Kellner unterbrochen, der mit Stift und Block am Tisch aufgetaucht war. Während Campbell die Muscheln bestellte, ließ er mich nicht aus den Augen.

Nach einem ausgedehnten Essen und einem Kinofilm brachte Campbell mich nach Hause. Vor meiner Tür stellte er sich dicht vor mich. »Ich muss schon zugeben, du hast mich ziemlich aus dem Konzept gebracht.«

»Gut«, sagte ich. Ich stellte mich auf die Zehenspitzen, biss ihn in die Unterlippe und schloss dann die Haustür auf. Ich hatte gar nicht gemerkt, dass er meine Hand hielt.

Beim zweiten Date sagte Campbell, er wolle mir jemanden vorstellen. Wir fuhren zum *The Palm*, wo der Parkwächter Campbell mit Namen begrüßte und ihm versicherte, sein Tisch sei bereit. Campbell hielt mir die Tür auf und legte mir eine Hand an den Rücken. Wir wurden zu einem Tisch in der Mitte des Restaurants geführt – eines Restaurants voller dünner, schöner Menschen, wie man sie typischerweise mit Los Angeles in Verbindung bringt. Einige kamen mir bekannter vor als andere. Viele Frauen hatten das gleiche Gesicht. An unserem Tisch saß eine Schönheit. Ich ließ mich auf meinen Platz sinken und erkannte sie sofort, sie war die Schauspielerin, für die es in diesem Jahr besonders gut lief, wenigstens hatte ich das im *People*-Magazin gelesen. Während der Flauten im Krankenhaus saß ich oft im Wartebereich und blätterte in Zeitschriften, die die Leute dort liegen gelassen hatten. Nur deswegen wusste ich überhaupt, was in der Welt so passierte. Die Schauspielerin streckte mir einen langen, gertenschlanken Arm entgegen.

»Ihre Hände sind unnormal weich«, sagte ich.

Sie lächelte. »Nichts pflegt die Haut besser als Jungfrauenblut.«

Ich tat so, als notierte ich es auf der Tischdecke. »Das muss ich mir merken.«

Campbell räusperte sich. »Therese, darf ich dir Melinda vorstellen, eine alte Freundin und Klientin. Melinda, Therese. Eine neue Freundin und keine Klientin.«

Wir nickten, und dann versteckte ich mich hinter der Speisekarte, einem riesigen, in Leder gebundenen Ding. Campbell sah mich über den Rand hinweg an. »Alles hier ist gut.«

»Ja, wenn man Fleisch isst.«

Er sah so betreten aus, dass er mir fast schon leidtat.

»O Gott. Du bist Vegetarierin.«

»Wenn du aufgepasst hättest, wüsstest du das.«

Er dämpfte die Stimme. »Ich passe immer auf.«

Sein Handy klingelte. Er hob einen Finger und stand auf, um den Anruf entgegenzunehmen.

Melinda ließ die Karte sinken. »Er hat nicht übertrieben. Du bist anders.«

»Sagt man.«

»Weißt du, er hat mich eingeladen, um dich zu beeindrucken.«

Ich nickte.

»Funktioniert es?«

»Kein bisschen.«

Der Kellner brachte eine Flasche gekühlten Champagner an unseren Tisch. Er schenkte uns ein, Melinda und ich hoben die Gläser und prosteten uns lächelnd zu.

Maria stellt einen Teller mit Hühnchen, Sauce, Reis und Erbsen vor mich hin und sagt, alle wären sehr stolz, eine Ärztin in der Familie zu haben. Ich verrate ihr nicht, dass ich Vegetarierin bin. Die Hühnerhaut glänzt. Ich schlucke die Übelkeit hinunter und binde mir die Haare zu einem Pferdeschwanz zurück.

Wir essen schweigend. Das Fleisch ist zart und salzig und zerfasert zwischen meinen Zähnen. Nach dem Essen trage ich die Teller zur Spüle und wasche sie ab.

»Ich arbeite nur ehrenamtlich«, sage ich. »Nicht in einer Praxis oder einem Krankenhaus.«

Maria lacht. »Eine Ärztin ist eine Ärztin ist eine Ärztin.«

Wir nehmen den Merlot mit ins Wohnzimmer. Je mehr Wein wir trinken, desto schwerer wird ihr Akzent. Meiner auch.

»Warum bist du Ärztin geworden?«, fragt sie.

Wenn man sich entschieden hat, einen so großen Teil seines Lebens einer einzigen, aussichtslosen Sache zu opfern, sind solche Fragen unausweichlich. Ich erzähle Maria die Wahrheit.

Wir sitzen so dicht nebeneinander, dass unsere Oberschenkel sich berühren. Mir wird schwindelig, mein Mund ist leer und voll zugleich.

»Deine Großmutter sagt, du warst nicht mehr hier, seit ...«

Ich schüttele den Kopf. »Bitte nicht.«

Maria seufzt. »Das muss schlimm gewesen sein.«

Ich drehe meinen Ehering und denke an meinen Mann, der mich, wenn wir auf dem Sofa sitzen, nie zum Reden zwingt. Manchmal mache ich mir Sorgen, ich könnte ihm zu still sein, aber er findet, dass ich rede, wenn ich muss. Wenn es unbedingt nötig ist.

»Deine Familie wünscht sich, du würdest mehr mit ihr reden«, sagt Maria.

Ich schenke mir noch ein Glas Wein ein, trinke es schnell aus und fülle es erneut. »Ich glaube, die reden auch ohne mich genug. Hast du mich deswegen eingeladen?«

Maria schüttelt den Kopf und zieht die Mundwinkel herab, aber ich bin nicht überzeugt. »Ich wollte dich nicht ärgern. Ich wollte nur, dass du weißt, was ich weiß.«

Ich lache heiser und neige mein Weinglas in ihre Richtung. »Was glaubst du zu wissen?«

Heimat ist eine Insel in der Karibik. Manche nennen sie ein Juwel. Jeder, der sie verlassen hat, nennt sie Heimat, aber die wenigsten von uns wollen dort leben, nicht unter den aktuellen Umständen. Früher bin ich regelmäßig hingeflogen, oft mit meiner Mutter, ich habe ihre Hand gehalten, wenn das Flugzeug durch die Wolken abwärtsschoss und es sich anfühlte, als würden wir gleich ins blaue Salzwasser fallen. Plötzlich tauchte ein schmaler Streifen Land vor uns auf, das Flugzeug landete sicher, alle an Bord atmeten erleichtert aus.

Mein Vater ist auf der Insel geblieben. Er sagt,

man könne von einem Menschen nicht verlangen, seine einzige Heimat zu verlassen. Meine Eltern sehen sich, wenn ihnen danach ist. Sie sind immer noch verheiratet, obwohl mein Vater eine jüngere Freundin namens Roseline hat und mit Roseline zwei kleine Kinder, Jungs, die sowohl sie als auch meine Mutter Mama nennen. Irgendwie funktioniert es. Meine Mutter hat einen Freund, der ist allerdings in einem angemessenen Alter. Mein Vater besitzt ein kleines Architekturbüro und verdient ganz gut. Als Vater ist er einigermaßen für seine Kinder da. Wir stehen uns nah.

Maria öffnet eine zweite Weinflasche.

»Warum hast du deine Insel verlassen?«, frage ich. Menschen, die Inseln verlassen, haben immer eine komplizierte Mythologie.

Sie lächelt. »Warum verlässt man so einen Ort?«

Ihre Art bringt mich auf die Palme. Der Empfänger des Kabelfernsehens zeigt die Uhrzeit an, die Zahlen blinken grün. »Ich sollte gehen.«

Maria berührt mich am Oberschenkel. »Du solltest bleiben.«

Mein Mann und ich haben unter einem hauchdünnen Baldachin an einem Strand meiner Heimatinsel geheiratet. Er trug einen hellbraunen Leinenanzug und eine rosafarbene Krawatte. Sein Gesicht war gerötet und auf seinem Haaransatz standen Schweißperlen; er war die Hitze nicht gewohnt. Die Braut trug ein weißes, langes, ärmelloses Kleid. Ich war barfuß, zum großen Kummer meiner Mutter. Die Luft war schwer und roch nach Salz, der heiße Sand brannte unter den Fußsohlen. Als wir das Heiratsversprechen ablegten, hielten wir uns an den Händen und sahen einander ins Gesicht. Campbell überraschte mich, indem er seins in meiner Muttersprache aufsagte. Seine Lippen hatten Mühe, die Laute nachzubilden. Obwohl ich mir geschworen hatte, nicht zu weinen, konnte ich die Tränen nicht zurückhalten, und ich lächelte so breit, dass mir danach tagelang das Gesicht wehtat. Abends verteilte ich ganz vorsichtig etwas Zinklotion auf Campbells verbranntes Gesicht und murmelte ihm zärtlich ins Ohr. Melinda saß in der ersten Reihe neben einem Schauspieler, mit dem sie gerade einen Kinofilm drehte. Muskelprotze im dunklen Anzug patrouillierten am Strand und hielten nach Paparazzi Ausschau. Beim Empfang saß Campbells Familie schweigend an unserem Tisch, bis mein Vater Campbells Mutter zum Tanzen aufforderte. Bald darauf standen alle seine Verwandten auf der Tanzfläche, schwenkten Rumgläser und ließen die Hüften kreisen.

Melinda und ich schlichen uns kurz weg. Wir setzten uns ans Wasser, wo die Wellen über unsere Füße schwappten, und teilten uns eine Zigarette.

»Ich kann nicht fassen, dass er dich rumgekriegt hat.« Sie lehnte sich zur Seite und stieß mich mit der Schulter an.

»Wenn er nicht gerade auf Mister Hollywood macht, ist er ganz erträglich.«

Melinda seufzte. »Wie hast du das geschafft?« Sie winkte müde zur Feier hinüber. »Die Männer, die ich kenne, können das einfach nicht abstellen.«

Ich nahm einen langen Zug. »Ich habe ihm von Anfang an klargemacht, dass mich nicht interessiert, wohin er mich mitnimmt oder wen er kennt. Als das geklärt war, fiel es mir sehr leicht, ihn zu lieben.«

Sie schob etwas feuchten Sand zu einem Haufen zusammen. Dann zog sie die Knie an die Brust und legte eine Wange darauf. »Lasst einander niemals los«, sagte sie.

Die Flitterwochen verbrachten wir auf einer Privatinsel vor der Küste. Es gab dort keine Fernseher, nur wenige Touristen und jede Menge Zeit, sich in der Sonne zu räkeln, brauner zu werden und unmäßig viel zu essen und zu trinken. Campbells Handy gehört praktisch zu seinen lebenswichtigen Organen, aber ich sagte ihm, falls ich es fände, würde ich darauf herumspringen. Er glaubte mir. Ich bin klein, habe aber große Füße. Campbell bastelte mir aus Palmwedeln ein winziges Boot und einen spitzen Hut, den ich zum Abendessen trug. Wir lutschten an Zuckerrohr, bis unser Mund von innen verschrumpelt war. Ich begrub ihn unter heißem Sand und neckte ihn dann, indem ich mich auf den Hügel legte und ihm die Zunge ins Ohr schob.

Fabien, einer der jungen Angestellten des Resorts, entwickelte eine Vorliebe für mich. Wenn Fabien mir durch die Gegend folgte, spielte Campbell den eifersüchtigen Ehemann. War er einmal nicht in der Nähe, fing Fabien sofort an, heftig mit mir zu flirten; er beugte sich herunter und ließ seine Fingerspitzen über meinen Arm tanzen. Aber er machte einen harmlosen Eindruck. Seine hellen Augen leuchteten. Als ich Campbell davon erzählte, mussten wir beide lachen.

Eines Abends lag Campbell quer auf dem Bett. Seine Lippen waren nass vom Rum. Weil wir unsere Drinks und uns selbst abkühlen wollten, schnappte ich mir den Eiskübel und ging zum Hauptgebäude. Mein ganzer Körper vibrierte vor Glück. Auf dem Rückweg schlang mir Fabien einen Arm um die Taille und versuchte, mit mir zu tanzen. Ein paar Eiswürfel fielen auf den warmen Fußweg. »Was willst du mit dem *Amerikaner*?«, fragte er, legte mir eine Hand an den Hintern, kniff zu und zog mich an sich. Seine Brust war eine flache, harte Muskelwand.

Ich machte mich los und zwang mich zu lachen. Ich sagte: »Nein, lass das, du bist nett, aber ich bin verheiratet.« Er versuchte, mich zu küssen. Seine Lippen waren dünn und salzig, ich schrie auf und biss zu. Fluchend las er einen Eiswürfel vom Boden auf und hielt ihn sich an die blutende Unterlippe. Ich drückte mir den Eiskübel an die Brust und rannte zu unserer Hütte, lief hinein und schlug die Tür hinter mir zu. Campbell hob den Kopf. Mit zitternden Händen schob ich den Riegel vor, stellte den Eiskübel auf die Kommode und kroch ins Bett. Er fragte, wo ich so lange gesteckt hätte. Ich starrte den Ventilator unter der Decke an.

»Du bist eine schöne Frau«, sagt Maria.

Ihre Sätze werden immer langsamer. Meine Gedanken auch. Wahrscheinlich fragt meine Tante sich, wo ich bleibe. Morgen früh wird sie keine Ruhe geben und wissen wollen, wo ich war und was ich gemacht habe.

Maria streicht mir mit einem Finger über die Schulter. Ich wehre mich nicht. »Deine Familie findet dich rätselhaft«, sagt sie, »aber ich habe das Gefühl, dich zu kennen.«

Sie küsst mich aufs Kinn.

Diesmal weiche ich zurück. »Ich bin verheiratet.«

Maria trinkt einen großen Schluck Wein, ihre

Zähne schlagen mit einem leisen Klirren gegen den Glasrand. »Zu Hause habe ich einen Ehemann. An sein Gesicht kann ich mich kaum noch erinnern.« Sie seufzt. »Es ist einsam hier.«

Ich ignoriere das Engegefühl in meiner Brust. »Es ist überall einsam.«

Maria küsst mich sanft auf die Stirn und bis an mein Ohr hinunter. Ich stehe auf und trete ans Fenster. Die Scheibe ist von einem dünnen Film aus Fett und Fingerabdrücken überzogen. Ich habe keine Ahnung, was hier vor sich geht. Ich verstehe meine Rolle nicht. Unten auf der Straße streitet ein Pärchen. Der Mann läuft vor einer Bank an einer Bushaltestelle auf und ab, die Frau kauert auf der Rücklehne und hat die wippenden Füße auf die Sitzfläche gestellt.

Ich lege zwei Finger an die Fensterscheibe. »Wir glauben wohl beide, einander zu kennen«, sage ich.

Für den Rest der Flitterwochen lauerte Fabien immer im Hintergrund. Sein Lächeln war nun kühl, seine Augen strahlten nicht mehr ganz so hell. Campbell und ich kehrten auf die Hauptinsel zurück und besuchten meine Eltern. Wir saßen bei meinem Vater im Garten und erzählten von den traumhaften Ferien. Ich musste daran denken, wie wir uns Nacht für Nacht unter dem Moskitonetz ausgetobt hatten und wie verrückt ich nach meinem Mann war, und die Hitze stieg mir ins Gesicht. Campbell griff nach meiner Hand, ich schob die Finger zwischen seine.

Im Zentrum der Hauptstadt gibt es einen beliebten Markt. An unserem letzten Tag wollte mein Mann ihn unbedingt besuchen. Er sagte, er wolle sich »unter sein neues Volk« mischen. Ich verdrehte die Augen, willigte aber ein. Die Sonne stand hoch am Himmel und die Luft war so schwül, dass man bei jedem Schritt das Gefühl hatte, sie beiseiteschieben zu müssen. Wir gingen langsam, der Schweiß rann uns über Schläfen und Wangen, und unsere feuchte Kleidung klebte uns am Leib. Mein Mann kaufte mir ein Wassereis, das nach Granatäpfeln und Orangen schmeckte, und ich warf ihm kleine Bröckchen davon in den Nacken. Vor einem Stand mit DVD-Raubkopien blieb er stehen. Weil mir nach einer Weile langweilig wurde, strich ich ihm über den Rücken und sagte, ich wolle mich ein wenig umsehen. Alle paar Minuten drehte ich mich zu ihm um, woraufhin er lachend die Hand hob und winkte. Als ich mich zum letzten Mal umdrehte, hielt er einen Stapel DVDs in der Hand und reckte einen Daumen in die Höhe.

Im selben Moment schob sich ein Schwall aus Marktbesuchern zwischen uns und ließ die Distanz unüberwindlich erscheinen. Ich schlenderte langsam weiter und begutachtete Webteppiche, Cornflakesschachteln und Levi's-Jeans. Den Mann, der mich packte, sah ich nicht, aber am Ende der langen Reihe aus Ständen entdeckte ich Fabien, der breitbeinig dastand und die Lippen zu einem kleinen Lächeln verzog. Noch bevor ich einen Laut von mir geben konnte, presste der Mann mir eine Hand auf den Mund. Sie war so groß, dass sie fast mein ganzes Gesicht bedeckte. Ich hatte keine Ahnung, was vor sich ging. In dem Moment verstand ich nicht, was mit mir geschah. Ich strampelte und versuchte, ihn zu kratzen, aber es war zwecklos. Ich wurde vor den Augen der Marktbesucher entführt. Manche schüttelten mitleidig den Kopf, andere schauten weg. Meinen Mann sah ich erst drei Tage später wieder.

Wir hatten uns für die Hochzeit auf meiner Insel entschieden, weil ein Reporter auf CNN gesagt hatte, das Land sei viel sicherer als früher und die Strände mit bleichen Touristen aus Amerika und auch Kanada bevölkert. Die ganzen Schwierigkeiten, sagte der Reporter, würden bald eine ferne Erinnerung sein. Und ich wollte ihm glauben, denn ich hielt es für eine wunderbare Idee, den Mann, den ich liebte, auf der Insel zu heiraten, die meine erste Liebe gewesen war.

Im Morgengrauen, als die Luft beinahe kühl war und der Himmel so dunkelgrau wie Campbells Augen, wurde ich zu meiner Familie zurückgebracht.

Ich saß auf der Ladefläche eines Pick-ups und klammerte mich an rostiges Metall, während wir über buckelige Pisten rollten und ich hin und her geschleudert wurde. Vor dem Haus meines Vaters hoben die Kidnapper mich wortlos von der Ladefläche und setzten mich ab. Sie gaben mir einen kleinen Stoß in den Rücken und fuhren so schnell davon, dass der Schotter in die Höhe spritzte. Ich ging zitternd zur Tür und klopfte leise an. Ich wartete. In der Ferne schrie ein trauriger Hahn. Weil niemand aufmachte, klopfte ich fester und zuckte erschreckt zusammen. Meine Fingerknöchel waren wund. Irgendwann öffnete mir mein Mann. Er riss die Augen auf, breitete die Arme aus und sagte: »O mein Gott.« Ich legte ihm eine Hand an die Brust und schob ihn weg, zwängte mich an ihm vorbei, ohne ihn anzusehen, und schloss mich in unserem Zimmer ein. Ich lehnte mich von innen gegen die Tür, er stand auf der anderen Seite. Schon bald kamen meine Eltern dazu, und dann hämmerten sie zu dritt gegen das Holz und flehten mich an, sie hereinzulassen. Sie drohten damit, die Tür aufzubrechen.

»Bitte, seid still«, sagte ich. »Ich muss nachdenken. Bitte lasst mich nachdenken.« Als ich so weit war, holte ich tief Luft und öffnete die Tür.

Alle redeten durcheinander, ich verstand kaum ein Wort.

»Mir ist nichts passiert. Ein paar Männer haben mich vom Markt in eine Zuckerfabrik am Stadtrand verschleppt. Sie haben mir nichts getan.« Ich sah Campbell an. »Sie haben mich freigelassen, sobald ihr das Lösegeld bezahlt hattet.«

Mein Mann schüttelte langsam den Kopf. »Baby«, sagte er. »Baby.« Er nahm mich bei den Schultern und drehte mich sanft zum großen Spiegel an der Wand um.

Ich wusste nicht, wen ich da sah. Das Gesicht der Frau im Spiegel war angeschwollen und voller dunkler Flecken. Ihre Lippen waren wund und an einer Stelle aufgeplatzt. Das Tanktop war an der Taille mehrfach eingerissen, die Jeans verdreckt.

Ich schüttelte den Kopf. »Mir ist nichts passiert.«

Maria kommt ans Fenster. »Wie seltsam«, sagt sie, »zwischen so viel Stahl und Beton zu leben. Diese ganzen Häuser wirken irgendwie unecht.«

Ich zucke die Achseln. »Hast du Kinder?«, frage ich und sehe sie an.

Maria schüttelt den Kopf, geht zurück zum Sofa und lässt sich auf ein Kissen fallen, das einen Seufzer von sich gibt. »Noch nicht.«

Ich lege mir eine Hand an die Kehle und schlucke. »Ich habe einen Sohn. Er ist drei.«

Maria hustet. »Deine Familie hat ihn nie erwähnt.«

»Hast du es immer noch nicht verstanden, Maria? Meine Familie weiß nichts über mich.«

Der Chef der örtlichen Polizeiwache kam sofort vorbei. Ich sagte ihm, dass ich nichts wisse und ihm bei der Suche nach den Entführern nicht helfen könne. Er schien sich damit zufriedenzugeben, sprach aber trotzdem von laufenden Ermittlungen und von der Gerechtigkeit, der Genüge getan werde. Er trank Kaffee, aß süßen Kuchen und ließ die Schultern hängen. Er konnte nichts für mich tun, auch wenn er das Gegenteil behauptete. Während meine Eltern, mein Mann und der Polizeichef leere Phrasen über die Schlechtigkeit der Welt austauschten, entschuldigte ich mich, schloss mich im Bad ein, ließ eine warme Wanne einlaufen, legte mich hinein und schaute zu, wie mein getrocknetes Blut sich langsam auflöste und das Wasser rosa färbte. Ich schloss die Augen und ließ mich hineinsinken. Eine schwere, tröstliche Stille rauschte mir in den Ohren. Als Campbell mich fand, saß ich auf dem Bett und frottierte mir die Haare mit einem Handtuch.

»Du musst zum Arzt«, sagte er und setzte sich neben mich.

Ich rückte unwillkürlich von ihm ab. »Ich bin Ärztin«, sagte ich.

Später an dem Nachmittag flogen wir mit einer

Chartermaschine nach Manhattan. Eine Freundin von mir, die ich noch aus dem Medizinstudium kannte, arbeitete dort im Mount-Sinai-Beth-Israel-Krankenhaus. Das Flugzeug war gut ausgestattet – Ledersitze, lackierte Oberflächen und Alkohol, den ich in großen Mengen trank. Meine Haut, Muskeln und Knochen schmerzten. Wir schwiegen lange. Ich sah nicht aus dem Fenster.

Irgendwann räusperte ich mich. »Es dürfte nicht allzu kompliziert sein, die Ehe annullieren zu lassen.«

Campbells Züge verschoben sich zu harten Linien. »Wovon zur Hölle redest du?« Er schlug mit der Faust gegen die Kabinenwand. »Wovon, zur Hölle?«

Es war das erste und einzige Mal, dass er mir gegenüber laut wurde. Sein Ärger breitete sich in der Kabine aus, bis kaum noch Luft zum Atmen blieb. Ich hatte ein schmerzhaftes Klingeln in den Ohren und fing an zu zittern.

Er legte eine Hand auf meine. »Du bist meine Frau«, sagte er. »Bei mir bist du sicher.«

Ich blinzelte langsam.

Wenn ich im Krankenhaus mehrere Schichten am Stück arbeiten musste, hatte Campbell mir oft Kaffee, warmes Essen und sein Lächeln gebracht. Wir waren aufs Dach gestiegen, hatten uns auf Klappstühle gesetzt und Händchen gehalten. Manchmal stieß er mich zu Boden, zerrte mir die Arbeitshose bis an die Knöchel und blickte auf mich hinunter, während ich mich an ihn klammerte und in den nächtlichen Sternenhimmel starrte. »Ich liebe dich so sehr«, flüsterte er in meine Halsbeuge, wenn ich den Kopf zurückwarf.

An dem Tag im Flugzeug sagte ich: »Ich kriege keine Luft mehr. Ich kann nichts mehr tun.« Ich lehnte mich an ihn und drückte meine Stirn gegen seinen starken Arm. Ich hielt seine Handgelenke fest, damit er mich nicht umarmen konnte. Er flüsterte in meine Halsbeuge.

Maria und ich öffnen die dritte Weinflasche. Ich weiß nicht mehr, wann ich zuletzt so viel getrunken habe. Oder vielleicht weiß ich es doch. Mein Körper fühlt sich so lose an, als könnten einzelne Glieder abfallen.

»Mein Sohn ist sehr intelligent«, sage ich. »Er ist erst drei und versteht schon so viel. Am Tag seiner Geburt habe ich ihm in die Augen gesehen und sofort gewusst, dass er später einmal alles Mögliche verstehen wird.« Ich schlage die Beine übereinander und wippe mit dem Fuß. »Er hat eine Schwäche für Süßes, genau wie meine Großmutter. Wenn du ihm Süßigkeiten gibst, wird er dich für immer lieben. Er ist perfekt.«

Maria nickt und lächelt. »Warum hast du ihn nicht mitgebracht?« Anscheinend ist sie skeptisch.

Ich betrachte ein Gemälde, das über dem Fernseher an der Wand hängt. Eine Frau mit Flechtkorb auf dem Kopf, umgeben von metallisch glänzenden, geometrischen Formen. »Das geht nicht. Vermisst du deinen Mann?«

Maria schiebt mir eine Hand zwischen die Oberschenkel. Sie küsst mich auf Schulter, Hals und Wangen und streift mit ihren Lippen meinen Mund. »Ich habe Mittel und Wege gefunden, mich nicht einsam zu fühlen.«

Ich halte ganz still.

Als wir das Krankenhaus erreichten, wartete meine Freundin Natalya schon am Eingang. Ich ging langsam und auf den Arm meines Mannes gestützt. Sie führte uns in einen Untersuchungsraum. Ich blieb in einer Ecke stehen. Campbell wollte sich setzen, aber ich sah Natalya an und schüttelte den Kopf.

Sie sagte ihm lächelnd, er solle draußen warten.

»Ich lasse dich nicht allein«, sagte er zu mir.

Ich lehnte mich an die Wand. »Du sollst mich nicht mit anderen Augen sehen.«

Er ballte die Hände zu Fäusten. »Würde ich niemals.« Meine Knie waren kurz davor, nachzugeben.

Er streckte die Arme aus und sagte: »Du zitterst ja.«

Ich wich zurück. »Fass mich nicht an.« Ich wurde hysterisch, redete wirres Zeug.

Mein Mann wurde bleich. »Du hast Angst vor mir.« Natalya nahm ihn beim Ellenbogen und zog ihn sanft aus dem Zimmer. Ich wollte ihm etwas nachrufen, aber meine Kehle schnürte sich zu. Ich war stumm.

Später sagte er mir, er habe die ganze Zeit vor der Tür gestanden. Ich hatte es auch so gewusst.

Natalya kehrte zurück. »Endlich allein«, sagte sie. Sie ist ein umgänglicher Mensch, alle kommen gut mit ihr aus, selbst die aufmüpfigen Medizinstudenten. »Gut, dass du zu mir gekommen bist. Du wirst es überleben.«

Ich lachte auf, dann schlug ich mir die Hand vor den Mund und schluchzte erstickt. Mein Gesicht war nass, meine Lippen salzig. Natalya umarmte mich und strich mir immer wieder übers Haar. »Schschsch«, sagte sie. Ich ließ mich gegen sie sinken.

Später, nach der Untersuchung, als mein verschreckter Körper die Wahrheit preisgegeben hatte, nach den Nadeln, die mir Blut abzapften und den riesigen Pillen, die kaum durch meine wunde Kehle rutschen wollten; nachdem man mir das Gesicht und die Brust genäht hatte und noch andere Stellen, von denen ich nicht gewusst hatte, dass man sie nähen kann; nachdem mein Handgelenk, dessen

Bruch sich auf dem Röntgenbild als scharfe Kontur zeigte, geschient und eingegipst worden war, sagte Natalya: »Ich werde nichts weiter dazu sagen, aber es tut mir leid, dass dir so etwas zugestoßen ist. Du kannst immer mit mir reden, wenn du möchtest oder musst. Was immer du brauchst.«

Ich wollte es ihr oder irgendwem erzählen, aber die Worte geronnen mir auf der Zunge, blieben dort kleben und verfaulten langsam.

Maria schiebt eine Hand unter mein Shirt und auf meinen Bauchnabel. Ihre Hand ist überraschend kalt. Ich atme langsam aus, die Hand wandert aufwärts. Als sie nach meiner Brust greifen will, schiebe ich sie weg. »Ich bin glücklich verheiratet«, sage ich.

Maria knabbert an meinem Ohrläppchen. »Ich auch.«

Ich stoße Maria von mir, stehe auf und sehe mich nach meiner Jacke um. »Das steht dir nicht zu.«

»Ich dachte, nach allem, was geschehen ist, sehnst du dich vielleicht nach den Berührungen einer Frau.«

»Du weißt nichts über mich. Mir ist nichts passiert.«

»Ich verstehe, warum du an dieser Version festhalten willst.«

Auf einmal füllt heiße Wut meinen Mund. Ich reiße

Maria vom Sofa hoch, packe ihre Hand und drücke sie mir in den Schritt. »Ist es das, was du willst?«

»Deine Familie hatte recht. Du bist sehr kalt«, sagt Maria.

»Nur gegenüber denjenigen, die mich nicht kennen.«

Wir blieben nicht lange in New York. Ich wollte nach Hause. Melinda wartete in unserem Loft auf uns. Seit dem Krankenhausbesuch war ich verstummt. Campbell wollte mir helfen, es brachte ihn fast um den Verstand.

Als Melinda mich sah, schnappte sie nach Luft. Ratlos breitete sie die Hände aus. »Ich weiß nicht, was ich sagen soll.«

Mein Gesicht war erstarrt, alle Muskeln blockiert. Ich konnte ihr nicht in die Augen sehen.

»Sie spricht seit zwei Tagen nicht mehr«, sagte Campbell.

Ich ging an den beiden vorbei auf den Balkon und stand allein im schwindenden Licht.

Melinda kam zu mir heraus, aber ich ignorierte sie hartnäckig. Ich blickte auf die Straße hinunter und nahm tiefe Züge von meiner Zigarette.

Als sie endlich meinen Blick auffing, sagte sie nur: »Oh, Liebes.«

Anfangs verstand ich es nicht. Ich konnte nichts mehr bei mir behalten. Ich dachte mir, dass mein Körper wohl immer noch dabei war, sich zu erholen. Vier Monate nach den Flitterwochen waren die letzten Schrammen endlich verblasst, und ich ging wieder arbeiten. An einem Samstagmorgen machte Campbell Pancakes, während ich stumm am Küchentresen saß. Ich bat um einen Pancake, und er reichte ihn mir auf dem Pfannenwender. Ich zupfte den warmen Teig auseinander und sah Campbell lächelnd an, er lächelte zurück. Ich angelte mit den Füßen nach ihm, zog ihn zwischen meine Beine und fütterte ihn. Zum ersten Mal seit den Flitterwochen ließ ich mich umarmen. »Sieh dich an«, flüsterte Campbell in mein Haar. Ich küsste sein stoppeliges Kinn und seine Lippen, zaghaft zunächst und dann gar nicht mehr zaghaft. Mein Mund und mein Körper konnten sich an ihn erinnern. Er stöhnte und zerrte an meinen Kleidern, aber da krampfte sich mir der Magen unangenehm zusammen. Ich stieß Campbell weg.

Ich rannte ins Badezimmer. Während ich mich in die Toilettenschüssel übergab, dämmerte es mir, und es war die schlimmste Art von Wissen. Ich hatte die Tabletten genommen, es hätte nicht sein dürfen. Ich schlug mit Fäusten gegen den Toilettensitz.

Campbell beugte sich besorgt über mich. Ich

schaffte es nicht, ihn anzusehen. »Ich muss einen Schwangerschaftstest machen.«

Ich hob den Kopf. Campbells Augen leuchteten, ein Grinsen breitete sich auf seinem Gesicht aus und verwandelte sich dann in etwas anderes. Ich ging ins Schlafzimmer, zog mich an und verließ das Loft. Ich ignorierte mein Handy, irgendwann war der Akku ohnehin leer. Als es dunkel wurde, fuhr ich auf einen Walmart-Parkplatz und verriegelte die Türen von innen. Ich versuchte zu schlafen. Ich wollte das Kreischen in meinem Kopf abstellen.

Am darauffolgenden Morgen war es noch lauter, spitzer und unverwechselbarer. Meine Schläfen pochten. Ich ging in den Walmart, kaufte einen Test und verschwand in der dreckigen, feuchten Kundentoilette. In der letzten Kabine ging ich leicht in die Hocke und hielt mir das Stäbchen zwischen die Beine. Beim Pinkeln biss ich die Zähne aufeinander. Ich brauchte gar nicht hinzusehen, um zu wissen, wie das Ergebnis lautete. *Schwanger.*

Ich finde meine Jacke und bedanke mich für das Essen. Der Abend war lang und seltsam. Nervös nimmt Maria die Kette von der Wohnungstür. »Erzähl deiner Familie bitte nichts davon.«

Ich streife ihre Fingerknöchel sanft mit der Hand. »Ich erzähle meiner Familie nie etwas.«

Draußen ist es noch kälter geworden, aber ich gehe trotzdem langsam. Die Straßen sind leer, ich bekomme Angst. Seit unseren Flitterwochen vor vier Jahren habe ich ständig Angst. Ich spüre eine schwindelerregende Furcht in meinem Hals. Ich habe vergeblich versucht, sie mir herauszureißen.

Mein Mann saß im Flur unseres Lofts. Er war unrasiert. In seinen Augen leuchtete Wut, und ein anderes Gefühl. Er betrachtete mich und sprach mit unangenehm ruhiger Stimme: »Nach allem, was passiert ist, hätte ich mir wirklich gewünscht, dass du anrufst, wenn du nicht nach Hause kommst.«

Ich wollte auf ihn zugehen, blieb dann aber stehen. »Das war mir nicht bewusst«, sagte ich. »Ich habe nicht nachgedacht.«

»Deine Pancakes sind kalt.«

Ich gab ihm das Teststäbchen. »Es könnte von dir sein.«

Er klopfte auf die Fliesen neben sich, und ich ließ mich langsam zu Boden rutschen. »Erzähl mir, was passiert ist. Wenn ich es weiß, kann ich dir helfen. Oder es versuchen.«

»Möchtest du es wissen, oder musst du es wissen?«

Campbell ließ seine Fingergelenke knacken. »Ich möchte. Weil es das Beste für dich ist.«

Wieder schnürte meine Kehle sich zu. Ich schüttelte den Kopf.

Ich sitze auf der kalten Betontreppe vor dem Haus meiner Tante und rufe Campbell an. Ich bin sehr betrunken.

»Kannst du herkommen?«, lalle ich.

»Was ist denn?« Seine Stimme klingt heiser und trocken.

»Campbell, ich habe einen Sohn.« Es tut gut, die Worte auszusprechen.

»Ja, wir haben einen Sohn.«

»Das war die perfekte Antwort.«

»Es ist die Wahrheit.«

»Ich habe zu viel getrunken, und eine Frau hat mich angemacht. Sie hat versucht, mich zu küssen. Es war eigenartig.«

»Und ich durfte nicht zuschauen?« Seine Stimme klingt ein bisschen klarer.

Ich muss lachen. »Du Schwein.«

»Alles okay? Hast du sie zurückgeküsst?«

»Ja. Aber nur ein bisschen, ohne Zunge. Ich habe wirklich viel getrunken.«

»Du bist ja so L.A.«

»Ich vermisse meinen Sohn mit jedem Atemzug. Und dich.«

Ich höre, wie Campbell sich bewegt.

71

»Ich bin bereit für ein zweites Baby.«

Ich schließe die Augen. Das Handy an meiner Wange wird warm.

»Bist du noch dran? Ich habe das nicht so gemeint.«

»Ich bin auch bereit«, sage ich leise.

Der Vaterschaftstest bestätigte meine schlimmste Ahnung. Ich konnte nichts mehr dagegen tun, aber ich wusste, behalten konnte ich es auch nicht. Eine Familie zu finden, die sich ein Baby wünschte, war einfach genug. Als ich den Bauch nicht mehr verstecken konnte, gab ich meinen Krankenhausjob auf, obwohl ich die Facharztausbildung gerade erst abgeschlossen hatte. Ich hätte nicht erklären können, warum Campbell und ich Kinder wollten, nicht jedoch dieses Kind. Ich wollte keine Fragen beantworten und nicht die glückliche Schwangere spielen oder über eine Zukunft reden, die ich nie erleben würde. Ich verkroch mich in unserem Loft. Campbell brachte mir unveröffentlichte DVDs mit. Ich kam zu dem Urteil, dass die Filme seit meinem Medizinstudium damals sehr viel schlechter geworden waren.

Wenn Melinda in der Stadt war, verbrachte sie viele Stunden bei uns. Sie versuchte, mich zum Reden zu bewegen, unterhielt mich mit Anekdoten von irgendwelchen Events und mit dem neuesten Klatsch von den Dreharbeiten. Ihren neuen Filmpartner beschrieb sie als brutal langweilig. Mein Bauch schwoll an. Das Baby war sehr aktiv, schwamm pausenlos umher, trat mich und zerriss mir das Herz. Anfangs hatte ich Campbell gesagt, ich wolle ausziehen, bis das Kind geboren sei. Er wusste das Angebot nicht zu schätzen, er lehnte es sogar ab. Er versuchte, zu mir durchzudringen, aber ich hatte ihn ausgesperrt. Wir lebten zusammen und doch getrennt. Ich weigerte mich, in den Spiegel zu sehen. Mein Körper war das schlimmste aller Gefängnisse, und absolut ausbruchssicher. Gegen Ende der Schwangerschaft überraschte Campbell mich einmal im Arbeitszimmer, wo ich mir den Bauch hielt und leise flüsterte. Da hatte ich das Baby zum ersten Mal berührt.

»Sieh dich an«, sagte er. »Du bist wunderschön.«

Ich nahm schnell die Arme herunter. »Das hat nichts zu bedeuten.« Ich eilte aus dem Zimmer und ließ ihn ratlos zurück.

Melinda war die einzige Person, die mit in den Kreißsaal durfte. Campbell war wütend, aber ich sagte ihm, er dürfe mit, wenn ich unser gemeinsames Kind zur Welt brachte. Ich wollte den Moment für ihn aufsparen. Meine beste Freundin hielt meine Hand und drückte mir einen kalten Lappen auf die Stirn. Sie sparte sich jedes Geplapper.

Ich habe keine Worte für dieses Gefühl, wenn man

ein Baby aus sich herauspresst. Bis zu meiner Entführung hatte ich es immer für den unvorstellbarsten Schmerz gehalten, den eine Frau erleiden kann, aber seither wusste ich es besser. Beim Gebären ist man willens, sich selbst zu zerbrechen. Man lässt zu, dass der eigene Körper auseinanderreißt. Ich war erschöpft und fühlte mich elend, doch ich klammerte mich bei jeder Wehe an das Wissen, dass ich bald frei sein würde. Ich musste das schreckliche Ding loswerden, das in mir steckte.

Die Hebamme legte mir das glitschige, quakende Kind auf die Brust, weil sie meine Akte nicht gelesen hatte. Darin stand, dass ich das Neugeborene nicht sehen wollte. Ich zwang mich, ihn anzusehen. Sein Kopf war von einer klebrigen Matte aus Haaren bedeckt, seine Arme wirkten sehr dünn. Am Ende war es der Anblick seiner Hände, der die harte Schale um mein Herz zersprengte. Winzige, gespreizte Finger reckten sich meinem Gesicht entgegen. Ich legte ihm eine Hand auf den kleinen Kopf und küsste seine Stirn. Er beruhigte sich, seine Lippen bebten. Ich wollte ihn in meinen Brustkorb schieben und noch einmal in mir tragen. Ich war verblüfft von ihm, meinem schönen Sohn.

»Ich brauche etwas Zeit mit ihm«, flüsterte ich vor mich hin, in der Hoffnung, sie würden mir den Wunsch erfüllen.

Sie tauschten Blicke aus, aber nachdem das Baby gesäubert und angekleidet war, legten sie es mir tatsächlich noch einmal in die Arme. Es starrte mich aus großen Augen an. Ich küsste seine weichen, warmen Wangen. Sie waren von einem sanften, leicht rötlichen Braun. »Ich hatte ja keine Ahnung«, sagte ich und drückte ihn so fest an mich, wie ich es wagte. »Ich hatte ja keine Ahnung, dass ich dich lieben würde.« Ich erkannte nichts von seinem Vater in dem Jungen wieder, rein gar nichts. Es war ein Segen.

Melinda schlich hinaus, und als die Tür sich wieder öffnete, sah ich Campbell. Er stürzte ans Bett und betrachtete das Kind aus großen, nassen Augen. Er legte seine Hand auf meine.

»Ich glaube, ich kann ihn nicht weggeben«, sagte ich mit brüchiger Stimme. »Es tut mir leid. Ich habe das nicht erwartet. Ich hatte keine Ahnung. Ich weiß nicht, was ich machen soll.« Ich fing an zu weinen, und dann stiegen laute Schluchzer aus mir auf. Ich trauerte um die Frau, die die letzten neun Monate auf dem klebrigen Boden einer Zuckerfabrik gelegen hatte, in der Hitze, in der Gewalt brutaler Fremder.

Campbell klappte das Gitter herunter und legte sich zu mir ins Bett. Er streifte die Schuhe ab, sie fielen mit einem lauten Schlag zu Boden. Er wischte meine Tränen so schnell auf, wie sie flossen. »Du musst ihn nicht weggeben«, sagte er.

Ich strich dem Baby über die Stirn. »Ich habe es nicht gewusst.«

Das Kind gähnte und schloss die Augen. Meine fielen ebenfalls zu.

Als ich aufwachte, war es draußen schon dunkel. Ich lag allein in einem Krankenzimmer. Ich erinnerte mich an das leichte, warme Baby auf meiner Brust. Seine Abwesenheit war unerträglich. Ich bekam Panik, setzte mich ruckartig auf, winselte vor Schmerzen. Ich drückte auf den Knopf, und ein paar Minuten später tappte eine müde Krankenschwester herein. »Mein Baby«, krächzte ich. »Haben sie ihn abgeholt? Ist es zu spät?«

Sie lächelte mich an. »Er ist im Säuglingszimmer, zusammen mit seinem Vater. Er wollte, dass Sie sich ausruhen. Sie kommen gleich zurück. Bei uns dürfen Sie das Baby über Nacht bei sich haben, wenn Sie möchten.«

Der Schmerz in meinem Brustkorb löste sich langsam auf. »Ja, das möchte ich.«

Ich setzte mich auf und ließ die Tür nicht aus den Augen. Das Warten erschien mir unendlich. Irgendwann kam Campbell herein, er schob ein Bettchen vor sich her. Darin lag das in eine blaue Decke gewickelte Kind. Es trug eine blaue Mütze und schlief tief und fest.

»Er hat gequengelt«, sagte Campbell, »da sind wir ein bisschen ins Säuglingszimmer gegangen.« Er hob den Arm und zeigte mir das Bändchen an seinem Handgelenk, das zu meinem und dem des Babys passte. »Ich habe jetzt auch eins. Und ich durfte ihm ein winziges Fläschchen geben, es war nicht größer als zwei Finger.« Mein Mann sah verändert aus, irgendwie weicher. Er konnte sein Lächeln nicht verbergen, er war völlig aufgekratzt.

»Was ist mit …«

»Ich habe den Anwalt angerufen. Sie sind natürlich enttäuscht, aber es war immer damit zu rechnen. Leute in ihrer Situation wissen das.«

»Das war schrecklich von mir.«

»Nein, war es nicht. Ich habe es ihnen erklärt, so gut ich konnte.« Er legte dem Kind die Finger an die Stirn. »Ich habe Beziehungen«, sagte er. »Ich werde diesen Leuten helfen, so gut ich kann.«

Das Baby bewegte sich und gab ein hinreißendes, nasses Gurgeln von sich.

»Wir sind nicht bereit dafür. Wir haben keine Ahnung, wir haben ja nicht mal einen Kindersitz! Unsere Autos sind absolut nicht familientauglich. Es tut mir leid. Das hast du dir sicher anders vorgestellt.«

»Hör auf, dich zu entschuldigen. Ich habe es mir genau so vorgestellt.«

Ich zupfte an meinem Krankenhausarmband. »Du hast ja keine Ahnung.«

»Erzähl es mir.«

Ich zeigte auf das Baby. »Er darf es nie erfahren, Campbell. Niemals, hörst du?«

Mein Mann nickte.

Vorsichtig stieg ich aus dem Bett und ging zum Fenster. Ich spürte einen dumpfen Schmerz zwischen den Beinen.

»Du kannst die Augen nicht verschließen«, sagte Campbell.

Ich ignorierte ihn. »Ich dachte, ich könnte ihn niemals lieben. Ich dachte, er würde mich immer daran erinnern. Ich werde nie erfahren, wer es war. Ich will es gar nicht wissen.«

Sie brachten mich zu einer alten Lagerhalle und schubsten mich in einen leeren Raum. Der Boden klebte von süßem Schmutz. Ich konnte nicht mehr denken. Ich hatte Todesangst. Es war unsäglich heiß. Ich bekam kaum Luft. Stunden später erschien ein dicker, glatzköpfiger Mann. Er sagte, die Frau eines reichen Amerikaners sei viel Geld wert. Er befahl mir, mich auszuziehen. Ich wusste nicht, was ich tun sollte. Er schlug mir ins Gesicht. Ich sah ihm in die Augen und versuchte zu verstehen, was für ein Mensch er war. Es dauerte ihm alles zu lange, er schlug mich abermals und boxte mich in den Bauch. Meine Eingeweide verrenkten sich. Ich sagte, mein Mann würde für mich bezahlen. Er riss mir die Kleider vom Leib und zerrte mich an den Haaren in eine Lagerhalle, und darin war ein Berg aus Rohrzucker, der fast die Decke berührte. Der Mann stieß mich zu Boden, und der Zucker zerkratzte meine nackte Haut. Er öffnete seine Hose. Ich bettelte. Ich konnte nirgendwohin, da waren überall Männer.

Er legte sich auf mich und war so schwer. Bis heute meine ich, seine nasse Haut an meiner zu spüren. Wir sanken in den Zuckerberg ein. Bei jedem Stoß stoben kleine Körnchen auf. Der Zucker schwebte durch Säulen aus Sonnenlicht und sah wunderschön aus, deswegen konzentrierte ich mich nur darauf. Ich schaffte es nicht, die Augen zu schließen, so sehr ich mich auch bemühte. Als ich schrie, rieselte mir der Zucker auf die Zunge. Der Zucker unter mir vermischte sich mit meinem Blut und wurde hart. Und dann war da ein zweiter Mann und noch einer, einer grausamer als der andere. Als es vorbei war, kroch ich in eine Ecke und wartete. Am Ende war ich wild und böse, ich kratzte und schlug nach allem, was sich näherte. Danach brachten sie mich zum Haus meines Vaters. Fabien saß neben mir auf der Ladefläche des Pick-ups. »Hättest du mir doch nur einen kleinen Kuss gegeben«, sagte er und lächelte wie ein schmollendes Kind. Er versuchte, mich zu küssen, und betatschte mich mit ungeschickten Händen. Ich sah rot. Ich kreischte und krallte die Hände in sein Gesicht und spürte, wie die Haut sich löste. Sie mussten den Pick-up anhalten und uns trennen. Fluchend stieg er in die Fahrerkabine. Ich betrachtete meine roten, wunden Hände, an denen ein Stück seiner Haut klebte. Ich klatschte sie von hinten ans Kabinenfenster. Er hielt sich die Wange und drehte sich um und starrte mich an. Ich schaute nicht weg.

Als ich fertig war, drehte ich mich zu Campbell um. »Ich wollte nicht meinen Sohn ansehen und daran erinnert werden. Ich wollte nicht, dass er mit weniger Liebe aufwachsen muss, als er verdient hat. Dass ich ihn hasse, denn auch das hat er nicht verdient.«

Campbell kniete sich neben das Bett. Er nahm meine Hände und küsste sie immer wieder. Er sparte sich die überflüssigen Worte und versuchte nicht zu ändern, was sich nicht ändern ließ.

Campbell steigt ins Flugzeug. Ich warte draußen auf dem Gehweg, bis die Limousine vorfährt. Campbell junior, C. J., steigt als Erster aus und reckt die Arme in die Höhe. Immer noch kann ich die Männer, die gewaltsam in mich eingedrungen sind, nicht in meinem Sohn erkennen. Hoffentlich bleibt es so. C.J. springt in meine Arme, ich lege ihm eine Hand an den Hinterkopf. Sein Schädel passt genau in meine Handfläche. Ich bekomme wieder Luft. Ich bedecke sein Gesicht mit Küssen, er kichert und sagt: »Mommy, Mommy, Mommy.« Campbell gibt dem Fahrer ein Trinkgeld. Ich greife nach seinem Shirt und ziehe ihn an mich. Als er mich küsst, bin ich zu Hause.

»Ich dachte schon, der Tag kommt nie«, sagt er.

Ich schiebe eine Hand in die Gesäßtasche seiner Jeans und ziehe ihn noch enger an mich. »Ich bin bereit.«

Als wir ins Haus kommen, ist Maria erschreckt. »Du hast einen Sohn«, sagt sie verwirrt.

Campbell hält ihn auf dem Arm, unser Junge ist müde vom langen Flug und lässt die Arme hängen.

»Habe ich doch gesagt.«

Sie räuspert sich. Ich weiß nicht, was sie von mir will, oder wer ich in ihren Augen sein sollte. Sie mustert Campbell, dann wendet sie sich an mich und sagt in unserer Muttersprache: »Du hast einen alten Mann geheiratet.« Am liebsten würde ich ihr die Augen auskratzen. Ich hake mich demonstrativ bei Campbell unter. Maria sagt: »Ich muss nach deiner Großmutter sehen.«

Als sie hinausgeht, stupst Campbell mich mit dem Ellenbogen an. »So alt bin ich gar nicht. Und sie hat einen fetten Arsch.«

Abends sitze ich mit meiner Großmutter zusammen. Ich habe C.J. auf dem Schoß und genieße seinen Duft, sein Glück.

»So ein schönes Kind«, sagt sie. Ihre Augen sind milchig. Ich halte ihre Hand und spüre die zerbrechlichen Knochen unter der Haut.

»Ich wollte, dass du ihn kennenlernst.«

C.J. klatscht in die Hände und singt ein Lied, das ich nicht kenne. Er singt sehr gern. Manchmal hören Campbell und ich durchs Babyfon, wie er in seinem Zimmer sitzt und singt. Dann können wir nicht aufhören zu lachen.

»Möchtest du deiner Urgroßmutter ein Küsschen geben?«, flüstere ich ihm ins Ohr.

Er nickt höflich, beugt sich vor und drückt ihr einen lauten, feuchten Kuss auf die Wange. Er zappelt sich aus meinen Armen frei und läuft weg.

»Campbell«, rufe ich. »Er kommt rüber zu dir!« Ich halte die Luft an, bis ich Campbell knurren höre, und dann auch C.J. – sie machen das immer, und ich tue so, als verstünde ich es nicht. Ich kann meinen Sohn immer noch im Zimmer spüren. Ein Teil von ihm ist immer bei mir.

Meine Großmutter beugt sich herüber und raunt,

meine Tante bestehle sie. Ich höre aufmerksam zu. Ich nehme sie ernst. Sie hat keinen Zugriff mehr auf ihr Geld, weil sie es Maria geben würde, damit die ihr Kuchen und Konfekt kauft. Süßem konnte sie nie widerstehen, und Maria ist bestechlich. Wie mein Sohn hat meine Großmutter eine ausgeprägte Schwäche für Zucker.

Billig, schnell, macht satt

Nachdem Lucien über Kanada in die USA gekommen ist – eine illegale, aber sagenhaft ereignislose Einreise – und sich per Anhalter bis nach Miami durchgeschlagen hat, drückt ihm sein Cousin Christophe, selbst erst seit einigen Jahren in Florida, einen Fünfzigdollarschein in die Hand und rät ihm, sich bis zum ersten Job von Hot Pockets zu ernähren, denn die sind billig, machen satt und schmecken gut. Lucien schläft auf dem Boden in einer Wohnung, die er sich mit fünf anderen teilt, Männer wie er, die alle so tun, als wäre ihr Leben jetzt viel besser als vorher. In der kleinen Küche gibt es einen Elektroherd mit zwei Kochplatten und eine Mikrowelle, die nur selten gesäubert wird. Christophe erklärt Lucien, wie einfach und schnell sich Hot Pockets zubereiten lassen.

Lucien ist in die Vereinigten Staaten gekommen, weil er *Miami Vice* liebt. Er liebt die schicken Anzüge von Tubbs und Crockett, und ihren Swag. Er stellt sich Miami als einen perfekten Ort vor, wo es für alle Probleme eine Lösung gibt und schöne Frauen, so weit das Männerauge reicht. In der weiterführenden Schule träumte Lucien ständig von Miami, sodass die Nonnen die Stirn runzelten und mit dem Lineal auf sein Pult schlugen. Er hat das Miami seiner Träume noch nicht gefunden, aber er weiß, es existiert. Es kann nicht anders sein.

Luciens Wohnung liegt in Pembroke Pines, eine Weltreise entfernt von Little Haiti und allem, was die fremde Stadt vertrauter machen würde. Jeden Morgen um fünf steht er auf, duscht und zieht sich an. Die sechseinhalb Kilometer zum Home Depot am Pines Boulevard geht er zu Fuß und wartet dann auf Handwerker, die auf der Suche nach billigen Arbeitskräften über den Parkplatz streifen. Auf diesem Immigrantenbasar findet er sich zwischen Mexikanern, Guatemalteken und Nicaraguanern wieder, manchmal sind auch ein paar Chinesen dabei. Sie werfen sich in die Brust und versuchen, stark auszusehen, in der Hoffnung, ein langer weißer Finger möge in ihre Richtung zeigen. Drei- oder viermal in der Woche hat er Glück. Dann nimmt er seinen Werkzeuggürtel, schwingt sich auf die Ladefläche eines Trucks und genießt die frische Morgenluft auf der Fahrt zu einem der großen Häuser, die Weißen gehören und von Gittern umzäunt sind, damit Menschen wie er nichts daraus klauen. Lucien hat in seinem ganzen Leben noch nichts geklaut.

Einmal pro Woche kauft er sich eine Telefonkarte

für fünfundzwanzig Dollar, damit kann er achtundzwanzig Minuten lang telefonieren. Er ruft zu Hause an und spricht mit seiner Mutter, seinem Onkel, seiner Frau und seinen vier Kindern. Er erzählt ihnen ellenlange Märchen aus seinem neuen Leben – wie er eine Wohnung mit einem eigenen Zimmer für jedes Kind gefunden hat, mit Klimaanlage, damit sie kühle, trockene Luft atmen können. Vor dem Haus gibt es grünen Rasen und dahinter einen Pool, neben dem seine Frau in der Sonne liegen wird. Seine Kinder, zwei Jungen und zwei Mädchen und keines älter als zehn, balgen sich um seine Aufmerksamkeit. Er bemüht sich, sie durch das Rauschen in der Leitung zu verstehen. Sie erzählen von der Schule, von ihren Freunden und dem UN-Soldaten, der jetzt bei ihnen zur Untermiete wohnt und ihnen brasilianische Schimpfwörter beibringt. Wenn die Telefonminuten sich dem Ende neigen, scheucht seine Frau die Kinder aus dem Zimmer, in dem sie alle gemeinsam schlafen. Sie sind allein, haben aber keine Zeit für Zärtlichkeiten. Luciens Frau flüstert, dass er ihr mehr Geld schicken muss, dass sie kein Wasser mehr haben und nichts zu essen. Sie will wissen, wann er sie und die Kinder nachholt. Er lügt und sagt, er tue, was er kann. Bald, sagt er.

Freitags holt Christophe ihn mit dem Truck ab, den sein Chef ihm übers Wochenende überlässt. Sie fahren zu Privatpartys in Little Haiti, hören Kompa und trinken Rum, denn sie sind Haitianer. Sie philosophieren über die Probleme in der Heimat, und wie man sie lösen sollte. »Haiti«, pflegte Luciens Vater früher zu sagen, »ist ein Land mit sieben Millionen Diktatoren.« Manchmal findet Lucien am Ende des Abends Trost in den Armen einer Frau, die nicht seine ist. Er begleitet sie nach Hause, und dort in der Dunkelheit fasst er ihre Brüste an und hört ihre Atemzüge, er küsst ihren Hals und ihre Schultern, leckt ihr das Salz von der Haut und bildet sich ein, dass sie nach Heimat schmeckt.

Um die Ecke von seiner Wohnung gibt es einen 7-Eleven. Wenn er nicht schlafen kann, geht Lucien manchmal hinüber, weil es da hell und kühl ist und man Hot Pockets kaufen kann. Der Mann, der nachts dort arbeitet, stammt ebenfalls aus Haiti. Er versteht, warum Lucien langsam zwischen den Regalen auf und ab geht und in aller Ruhe die tadellos verpackten Produkte begutachtet. Als er vor Jahren in Miami ankam, hat er dasselbe getan. Lucien überlegt sich, welche Süßigkeiten er seinen Kindern kaufen würde, wären sie jetzt hier, und wie schön es wäre, sie ein Twix oder ein KitKat essen zu sehen. Bevor er den 7-Eleven verlässt, kauft Lucien zwei warme Hot Pockets aus der Mikrowelle und einen Super Big Gulp. Er geht nach Hause und setzt sich vor dem Gebäude auf den Bordstein, um allein zu sein. Er trinkt langsam, so langsam, dass kein Eis mehr im Becher ist, wenn er endlich wieder aufsteht. Die eine Hot Pocket isst er, die andere hält er einfach nur fest. Er spürt die wohltuende Wärme und meint, die ganze Welt in den Händen zu halten.

Wie Wasser oder Licht

Meine Mutter wurde in einem Fluss gezeugt, der als Río Masacre bekannt ist. Der beißende Geruch des Bluts verfolgt sie bis heute. Als sie in die Vereinigten Staaten kam, hat sie das ganze Wörterbuch gelesen, von Anfang bis Ende. Schnell wurde ihr Wortschatz beeindruckend groß. Ihr Lieblingswort ist *fluten*: in großer Menge [plötzlich herein]strömen, wie Wasser oder Licht. Wenn sie versucht zu erklären, auf welche Weise der Blutgeruch sie verfolgt, sagt sie, er flute ihre Sinne.

Meine Großmutter kannte meinen Großvater nicht einmal für einen Tag.

Mein Wissen über meine Familiengeschichte ist lückenhaft. Wir sind die Hüterinnen von Geheimnissen. Wir sind selbst ein Geheimnis. Wir versuchen, einander vor dem Reich des großen Kummers zu schützen, meiner Erfahrung nach mit wenig Erfolg.

Als junge Frau hat meine Großmutter auf einer Zuckerplantage in Dajabón gearbeitet, der ersten Stadt hinter der Grenze zur Dominikanischen Republik. Sie teilte sich eine Hütte mit fünf anderen Frauen, die sie allesamt nicht kannte, und schlief auf einer

Strohmatte, unter der sie ihren Rosenkranz, ein Medaillon mit einem Porträt ihrer Eltern und ein Foto von Clark Gable aufbewahrte. Weil sie kaum Spanisch sprach, blieb sie meistens für sich. Sie verbrachte lange Tage unter der heißen Sonne, die ihre Haut zu Ebenholz verbrannte und ihre Haare weiß bleichte. Wenn sie am Abend zu ihrer Unterkunft zurückging, hörte sie die Leute tuscheln und fing ihre Blicke auf. Man hielt sich von ihr fern. Alle hatten Angst vor der Dunkelheit in ihr und um sie herum. Man sah in ihr einen Dämon und nannte sie *la demonia negra*.

Nach dem Abendgebet und einer kurzen Träumerei von Port-au-Prince, wo sie faule Nachmittage am Strand verbracht und *Die Meuterei auf der Bounty*, *Es geschah in einer Nacht* und *Goldfieber* im Kino gesehen hatte, und nach einer weiteren kurzen Träumerei von Clark Gable und seiner warmen Umarmung zerriss meine Großmutter eines ihrer alten Kleider in lange Streifen und verband sich damit die Kratzer und Schnittwunden, die sie sich während des langen Tages auf der Plantage zugezogen hatte. Anschließend fiel sie in einen traumlosen Schlaf und sammelte den Mut, den sie brauchte, um am nächsten Morgen wieder aufzuwachen. In einer anderen Zeit war sie von ihren Eltern geliebt worden und hatte gut gelebt, aber dann waren sie gestorben und

hatten ihr nichts hinterlassen. Wie viele Haitiane-
rinnen ging sie in die Dominikanische Republik und
hoffte auf einen Neuanfang. Mein Großvater arbeitete auf derselben Plantage. Er war ein großer, star-
ker Mann. Wenn meine Großmutter nachts nicht
schlafen kann, schenkt sie sich ein Glas Cola-Rum
ein und erzählt davon, wie ihre Hände sich bis heute
an die harten Muskelstränge seiner Schultern und
Oberschenkel erinnern. Er hieß Jacques Bertrand. Er
wollte Schauspieler werden. Sein strahlend weißes
Lächeln hätte ihn zum Star gemacht.

Meine Großmutter wird ebenfalls von Gerüchen
verfolgt. Den Geruch von süßen Sachen kann sie
nicht ertragen. Wenn die Luft süßlich riecht, schürzt
meine Großmutter die Lippen, zieht mit einem tschil-
penden Geräusch Luft durch die Zähne und schüttelt missbilligend den Kopf. Wenn wir zu unserem
Strandhaus in Montrouis fahren, schließt sie unterwegs die Augen, weil sie weder die Felder der Zucker-
rohrplantagen sehen will noch die wettergegerbten
Männer und Frauen, die mit stumpfen Macheten auf
die Stängel einschlagen. Beim Anblick eines Zucker-
rohrfeldes schießt ihr ein stechender Schmerz durch
die Schultern in den Rücken. Ihr Körper kann die ge-
leistete Arbeit nicht vergessen.

Heute ist der Río Masacre so flach, dass man zu
Fuß hindurchwaten kann, aber im Oktober 1937 war

er ein tiefer, schneller Strom. Die Unruhen dauerten seit Tagen an. Dominikanische Soldaten, fest entschlossen, ihren Staat von der haitianischen Plage zu befreien, zogen in mörderischem Hass von einer Plantage zur nächsten. Meine Großmutter hatte keine Wahl, als den heißen Tag auf dem Zuckerrohrfeld zu verbringen und die Zeit in Machetenhieben zu zählen. Sie betete, dass der Aufruhr an ihr vorbeigehen würde.

General Rafael Trujillo hatte alle Haitianer des Landes verwiesen und seinen Soldaten befohlen, sämtliche Menschen mit zu dunkler Haut zu verhören, all jene, die aussahen, als gehörten sie möglicherweise auf die andere Seite der Grenze. Derselbe General, der den Genozid mit dem biblischen Buch der Richter rechtfertigte und die deutsche Industrie auf die Insel holte.

Die Soldaten kamen auf die Plantage, auf der meine Großmutter arbeitete. Sie hatten Gewehre. Sie waren grausam, brüllten wütend herum und erlaubten sich alles. Eine der Frauen, mit denen meine Großmutter sich die Hütte teilte, verriet den Soldaten, wo meine Großmutter sich versteckte. Über das, was danach geschah, sprechen wir nie. Die hässlichen Details stecken in den Lücken unserer Familiengeschichte. Wir selbst sind das Geheimnis.

Am Ende fand meine Großmutter sich im Fluss

wieder. Sie versteckte sich an einer seichten Stelle und wagte kaum zu atmen, während die marodierenden Soldaten die schlammigen Ufer durchkämmten. Einmal drehte sie sich auf den Rücken und tauchte unter, bis ihr ganzer Körper von Wasser bedeckt und jede Pore geflutet war. Sie tauchte erst wieder auf, als sie das Klingeln in den Ohren nicht mehr aushielt. Der Mond stand hoch am Himmel, die Nacht war kalt. Sie roch das Blut im Wasser. Meine Großmutter trug nichts als ein dünnes Kleid, das ihr am Leib klebte. Sie war barfuß. Ein aufgedunsener Leichnam trieb langsam vorbei, dann ein Arm, ein Bein und etwas, das sie nicht erkennen konnte. Sie schlug sich eine Hand vor den Mund. Statt in die gähnende Leere schrie sie nach innen, in die eigene Haut.

Der tüchtige Arbeiter Jacques Bertrand, der Schauspieler werden wollte, entkam und stieg in den tiefen, schnellen Fluss. Er schob sich durchs Wasser und entdeckte meine Großmutter. Er tippte ihr auf die Schulter, und anstatt sich abzuwenden, öffnete sie ihm jenen Teil ihrer selbst, der noch nicht taub vor Angst war. Sie sah ihre Angst in seinen Augen gespiegelt und war beruhigt. Sie legte die nasse Wange an sein nacktes Brustbein. Sie atmete langsamer, bis sie sich seinem Rhythmus angepasst hatte. Sie hörte sein pochendes Herz als Hallen unter den Rippen.

»Ein Engel«, sagte sie zu mir. »Ich dachte, er wäre ein Engel und gekommen, um mich von jenem dunklen und schrecklichen Ort zu erretten.«

Meine Großeltern schmiegten sich heftig zitternd aneinander, ihre Haut wurde immer schrumpeliger. Der tüchtige Arbeiter Jacques Bertrand, der Schauspieler werden wollte, schlang die Arme um meine Großmutter und flüsterte ihr stockend seine Lebensgeschichte ins Ohr. »Ich will, dass sich jemand an mich erinnert«, sagte er. Sie nahm sein Gesicht in beide Hände, strich mit den Daumen über seinen kantigen Kiefer und küsste ihn sanft auf den Mund. Sie fuhr mit Fingerspitzen über die Narben an seinem Rücken, die sich erhoben wie winzige Brücken, und sagte: »Jemand wird sich an dich erinnern.« Sie erzählte ihm ihre Lebensgeschichte und bat ihn, sie nicht zu vergessen.

Bis heute hört meine Großmutter die Schreie der Sterbenden aus jener Nacht. Sie erinnert sich an den stumpfen, nassen Klang der Macheten, die Fleisch und Knochen zerhacken. Ihr einziger Schild gegen das Entsetzen war dieser Mann, den sie nicht kannte und dessen Rücken mit vielen Brücken vernarbt war. Die intimen Einzelheiten kenne ich nicht, aber dort wurde meine Mutter gezeugt.

Am Morgen, umgeben von der Stille und dem Gestank des Todes, krochen meine Großeltern aus dem

Fluss, der über Nacht zu einem feuchten Grab mit fünfundzwanzigtausend Leichen geworden war. Der Río Masacre hatte sich seinen Namen abermals verdient. Die beiden, durchnässt und steif und kurz vorm Fiebern, schleppten sich nach Ouanaminthe. Sie waren in der Heimat. Sie waren fern der Heimat. Meine Großmutter und mein Großvater nahmen sich bei der Hand und flüchteten in eine verlassene Kirche. Sie fielen auf die Knie und beteten, und ihre Gebete verwandelten sich in etwas, das so ähnlich war wie Trost.

Bei Einbruch der Nacht erreichten die dominikanischen Soldaten Ouanaminthe, wo sie eigentlich nichts zu suchen hatten. Mein Großvater wurde ermordet. Er rettete meine Großmutter, indem er sich drei Soldaten entgegenstellte und ihr damit Zeit für die Flucht verschaffte. Jacques Bertrand starb mit dem Wunsch, jemand möge sich an ihn erinnern, deswegen blieb meine Großmutter in der Nähe der Trauer und suchte sich einen Job als Haushälterin eines Grundschuldirektors. Nachts schlief sie in einem der leeren Klassenzimmer. Sie brachte meine Mutter zur Welt, und später heiratete sie den Schuldirektor, der das Kind als sein eigenes annahm. Abends ging meine Großmutter mit meiner Mutter an den Fluss und erzählte ihr die Geschichte ihrer Empfängnis. Meine Großmutter kniete sich ans Ufer und ihre Knie versanken im Schlamm, während sie sich Wasser in den Mund schaufelte. Sie trank Erinnerungen.

Als meine Mutter zwölf wurde, zog sie mit meiner Großmutter und dem Schuldirektor nach Port-au-Prince. Die Schule war geschlossen worden, und der Schuldirektor hatte eine neue Stelle in der Hauptstadt angenommen. Anfangs weigerte meine Großmutter sich, die Erinnerungen zurückzulassen, aber der Schuldirektor setzte sich durch. Sie war seine Frau. Sie würde ihm folgen. Meine Mutter weiß noch, wie meine Großmutter geweint hat, wie ihre hohe, dünne Stimme die Luft zerschnitt. Im Vorgarten ihres bescheidenen Hauses stürzte eine Kokospalme um, der Stamm wurde säuberlich gespalten und die Nüsse verfaulten auf der Stelle. Meine Großmutter ging zum Río Masacre. Langes weißes Haar rahmte ihr Gesicht. Sie steckte die Hände in den Schlamm und aß davon und ertrug den schweren, bitteren Geschmack. Als meine Mutter und der Schuldirektor sie fanden, lag sie an einer seichten Stelle im Wasser und zitterte im Mondlicht, das Gesicht von getrocknetem Schlamm bedeckt.

In der Hauptstadt wurde meine Großmutter zu einer anderen Frau. Sie verstummte. Der Schuldirektor fragte katholische Missionare, Houngans und Mambos um Rat, nur für den Fall, dass sie von den

Iwa besessen war, von den Geistern. Am Ende gab er es auf und lebte damit. Er liebte sie, wie ein Mann eine Frau lieben kann, die einen anderen liebt. Er konzentrierte sich auf die Ausbildung meiner Mutter und wartete. Manchmal fragte er seine Tochter, ob sie glücklich sei. Sie antwortete: »Meine Mutter liebt dich. Wirklich.«

Erst an dem Tag, als meine Mutter Port-au-Prince verließ, wurde meine Großmutter wieder sie selbst. Angeblich hatten sie zu dritt auf dem glühend heißen Rollfeld gestanden, die Luft ringsum hatte sichtbare Wellen geschlagen. Meine Mutter küsste meine Großmutter zweimal auf jede Wange, und dann küsste sie den Schuldirektor. Anschließend drehte sie sich um und stieg die Flugzeugtreppe hinauf, und der wilde Wind zerrte an ihrem Rock. Meine Großmutter lief nicht hinter ihrem einzigen Kind her, aber sie sagte: »*Ti Couer.*« Kleines Herz. Meine Mutter hielt kurz inne, drehte sich aber nicht um.

Meine Mutter ist eine kleine, fahrige Frau. Ihr Leben, sagt sie, habe begonnen, als sie in New York City aus dem Pan-Am-Flugzeug stieg. Sie fuhr auf der Rückbank eines gelben Taxis in die Stadt und verstand kein Wort von dem, was der Fahrer sagte. Sie sah zur schmutzigen Seitenscheibe hinaus und an den hohen Stahlgebäuden empor. Sie war einundzwanzig Jahre alt. Meine Mutter fand eine Wohnung in der Bronx und eine Arbeit als Schneiderin bei Perry Ellis, dessen Kleidung sie liebte, sich aber niemals würde leisten können. Englisch lernte sie, indem sie das Wörterbuch las und amerikanisches Fernsehen schaute. Einmal im Monat schrieb sie einen langen Brief an ihre Mutter und den einzigen Vater, den sie kannte. Sie bat ihre Eltern, ebenfalls nach New York zu kommen. Meine Großmutter schrieb jedes Mal zurück, weigerte sich aber, Haiti zu verlassen. Sie würde bei dem Geist des Mannes bleiben, der nicht vergessen werden wollte.

Meine Mutter lief von Arzt zu Arzt, sie war auf der Suche nach jemandem, der sie von dem beißenden Blutgeruch befreite. Er flutete immer noch ihre Sinne. Die Ärzte versicherten ihr ausnahmslos, der Geruch sei eine Einbildung. Sie fuhr mit der U-Bahn nach Chinatown und versuchte es mit Akupunktur. Der Akupunkteur schob ihr vorsichtig ein paar Nadeln in die Haut zwischen Daumen und Zeigefinger und entlang der Körpermeridiane. Bei jeder Nadel schüttelte er den Kopf. »Es gibt nicht gegen alles eine Medizin«, sagte er.

Als ich meine Mutter fragte, wie sie meinen Vater kennengelernt habe, sagte sie: »Ich wollte auf keinen Fall einen Haitianer heiraten.« Sie beantwortet fast nie die Frage, die man ihr gestellt hat. Mein Vater ist Hals-Nasen-Ohren-Arzt. Er war der letzte Doktor, den meine Mutter aufsuchte. Er glaubte ihr, als sie ihm erzählte, sie rieche nichts als Blut. Er versuchte, ihr zu helfen, und nachdem es ihm nicht gelungen war, lud er sie zum Abendessen ein. Irgendwann hielt er um ihre Hand an. Sie sagte nicht Ja. Sie erklärte, sie werde niemals nach Haiti zurückkehren; er würde akzeptieren müssen, dass ihr Leben vor einem Jahr in New York begonnen hatte. Sie war eine Schneiderin, deren Sinne von Blutgeruch geflutet waren. Ihren Vater hatte sie nie kennengelernt, ihre Mutter nie verstanden. Meine Eltern heirateten neun Monate später in einer Synagoge in Manhattan.

Sie blieben viele Jahre kinderlos, sprachen aber nie darüber. Wenn meine Mutter gefragt wurde, wann sie eine Familie gründen wolle, sagte sie: »Ich liebe meinen Mann sehr.« An einem heißen New Yorker Julinachmittag des Jahres 1978 erfuhr sie, dass sie mit mir schwanger war. Sie war vierzig Jahre alt. Sie rannte auf die Straße, reckte die Arme gen Himmel und blickte in die weiß glühende Sonne. Das Licht strömte auf sie nieder, und sie fing an zu weinen. Ein Freudenlaut stieg in ihrer Kehle auf und flog aus ihrem Mund hinein in die Stadt. Sie lief zur Praxis meines Vaters und überbrachte ihm die Nachricht. Er weinte ebenfalls, und auch ich legte gleich nach meiner Geburt los und heulte genüsslich. Wir sind eine Familie ohne Angst vor Tränen.

Meine Mutter konnte nie wirklich akzeptieren, dass sie ihren leiblichen Vater nicht kennengelernt hat. Sie fürchtet, meine Großmutter könnte die Geschichte ihrer Zeugung zu einem Mythos verklärt haben, um eine düstere Wahrheit zu verschleiern. Meine Mutter hat viel Fantasie. Sie weiß zu gut, was wild gewordene Soldaten mit verängstigten Frauen machen. Wenn meine Mutter in den Spiegel sieht, erkennt sie sich nicht wieder. Sie sieht immer nur das Gesicht des Mannes, den sie nie kennenlernen wird. Als ich noch klein war und wir zusammen am Tisch saßen, starrte sie oft ins Leere und knirschte mit den Zähnen. Dann nahm mein Vater ihre Hand und sagte: »Jacqueline, bitte mach dir keine Gedanken.« Sie hörte nicht auf ihn. Sie hütete das Geheimnis ihrer Mutter. Sie war selbst ein Geheimnis.

Seit ich fünf Jahre alt war, haben meine Eltern mich im Sommer zum Flughafen JFK gefahren und für drei Monate zu meiner Großmutter geschickt. Ich kam als Gesandte meiner Mutter, um in ihrer Abwesenheit ihre töchterlichen Pflichten zu erfüllen. Meine Großmutter und der Mann, den ich als meinen Großvater kannte – der Schuldirektor, der sich der verängstigten jungen Frau mit der schwarz verbrannten Haut, den weiß gebleichten Haaren und dem vaterlosen Baby angenommen hatte –, waren sehr nett zu mir. Ich brachte ihnen Familienfotos und Geld mit, das meine Mutter in meinen Schuhen versteckt hatte. Ich brachte ihnen Öl und Feinstrumpfhosen, einen Videorekorder und Kassetten, Klatschmagazine und Cornflakes. Hauptsache nichts Süßes.

Meine Großmutter hielt ihr Versprechen, das sie Jacques Bertrand gegeben hatte. Bei jedem meiner Besuche bekam ich neue Bruchstücke ihrer Geschichte zu hören, oder vielmehr, falls die Befürchtungen meiner Mutter zutrafen, Bruchstücke der Geschichte, die sie uns glauben machen wollte. Angeblich sah ich aus wie er, hatte seine Augen und sein Kinn. Meine Großeltern verwöhnten mich ebenso, wie meine Eltern es taten. Wenn ich Ende August in die Staaten zurückkehrte, hatte ich viele Fragen an meine Mutter. Ich wollte das Puzzle zusammenfügen, doch sie schloss sich im Schlafzimmer ein, tupfte sich Parfum auf die Oberlippe, streckte sich auf dem Bett aus und legte sich einen kalten Waschlappen über die Augen.

Als ich dreizehn war, unternahmen meine Großeltern und ich am Nachmittag einen Ausflug zu ihrem Strandhaus in Montrouis. Im selben Jahr hatte ich kurz vor der Abreise meine Bat Mitzwa gefeiert. Wir sangen die Kompa-Lieder im Autoradio mit, und die Erwachsenen lauschten meinen Plaudereien auf der Rückbank. Es war ein guter Tag. Ich wünschte, meine Mutter könnte sehen, wie glücklich ich im Land ihrer Geburt war. Als wir an einer Tankstelle hielten, wurde unser Auto plötzlich von Bettlern umringt, von einer pulsierenden Masse aus dunklen, glänzenden Gesichtern und Gliedmaßen. Sie brauchten mehr, als wir ihnen geben konnten. Einer der Männer hatte nur ein Bein und eine alte Holzkrücke. Sein Gesicht war von einem wulstigen Tumor unter dem linken Auge entstellt. Er legte die Hände an die Seitenscheibe und glotzte mich lüstern an, der Tumor zitterte vor Wut. Da begriff ich zum ersten Mal, dass das Geburtsland meiner Mutter von Schmerz durchdrungen war.

Wenn ich nach New York und in mein sicheres Zuhause zurückkehrte, brachte ich Fotos, lange Briefe und besondere Gewürze mit, Zuneigungsbekundungen einer abwesenden Mutter. Am Tag nach meiner Rückkehr lud meine Mutter mich jedes Mal zum Mittagessen in den Russian Tea Room ein. Dann ließ sie sich haarklein von meiner Reise berichten und schnüffelte währenddessen alle paar Minuten an einem parfümierten Taschentuch. Sie stellte vorsichtige Fragen, um herauszufinden, wie es ihrer Mutter wirklich ging. Manchmal vergaß ich mich und fragte meine Mutter, wieso sie nicht nach Haiti fliege und selbst nachsehe. Dann sah sie mich streng an und sagte: »Es ist nicht leicht, eine gute Tochter zu sein.«

Mit sechzehn war ich jung und dumm und wurde deswegen in ein Sommercamp im westlichen Massachusetts geschickt. Ich wollte etwas Normales erleben. Haiti war mir zu anstrengend geworden. Ich hatte die Nase voll von der Hitze, den Gerüchen und der allgegenwärtigen Armut, von meinen verschwitzten Armen und Beinen, die sich im Moskitonetz verfingen, der Pumpe, von der ich das Wasser holen musste, weil die Zisterne mal wieder kaputt war. Ich hatte genug vom lauten Brummen der Generatoren, den winzigen Eidechsen an den Fenstergittern und von den Leuten, die mich begafften und *la mulatte* nannten. Doch das Sommercamp war größtenteils enttäuschend. Ich war ein Stadtkind und fand die Berkshire Mountains viel zu provinziell. Die anderen Mädchen im Ferienlager konnten meine Art des Jüdischseins nicht nachvollziehen. Den Sommer verbrachte ich lesend am Seeufer. Ich beklagte, dass ich jetzt nicht an einem echten Strand war, in der Karibik, wo die Leute mich liebten und wo alle aussahen wie ich. Trotzdem vergingen zehn Jahre, bis ich wieder nach Haiti flog.

Im darauffolgenden Sommer nahm mein Vater mich mit nach Tel Aviv. Er zeigte mir die Wohnung in Ramat Aviv, wo er aufgewachsen war. Er zeigte

mir die Gräber seiner Eltern und versicherte mir,
wie sehr sie mich geliebt hätten. Ich begegnete allen
möglichen Menschen, die mir tatsächlich ähnlich
sahen und nicht über mein holperiges Hebräisch
lachten. Wir verbrachten eine Woche im Kibbuz, mein
Vater trug ein Leinenhemd und Shorts, er war gebräunt, glücklich, zu Hause. Wenn ich an meine Mutter dachte, wurde ich sehr traurig, weil sie sich nicht
so über ihr Geburtsland freuen konnte. Wir fuhren
an den Strand und nach Jaffa, wo der Andromeda-
Felsen aus dem Mittelmeer aufragt. Wir standen wei-
nend an der Klagemauer. Haiti war nicht der einzige
Ort auf Erden, der vom Schmerz durchdrungen war.

Ein Jahr nach meinem Jurastudium starb der Schuldirektor. Ich rief meine Großmutter an und fragte,
wie es ihr gehe. »Ich war eine gute Ehefrau«, sagte
sie. Sie sei bereit, zu Jacques Bertrand zurückzukehren. Ich sagte meiner Mutter, wir müssten sofort
nach Haiti. Meine Mutter lag auf dem Bett und rieb
sich gerade Parfum auf die Oberlippe. Die Nachricht
vom Tod des Schuldirektors hatte sie nicht gut auf-
genommen. Er war der einzige Vater gewesen, den
sie gekannt hatte. Sie sah mich an und sagte: »Mein
Zuhause ist hier, wo ich gebraucht werde.« Ich sagte:
»Du wirst woanders gebraucht.« Sie winkte müde ab
und fügte sich.

Mein Vater verschrieb meiner Mutter Valium, und dann flogen wir zu dritt nach Port-au-Prince. Spätestens bei der Landung war meine Mutter ausreichend sediert. Als wir nach dem Aussteigen durchs Terminal gingen, fragte sie verträumt: »Sind wir schon da?« Meine Großmutter und ihr Fahrer erwarteten uns. Ich sah sie zum ersten Mal seit zehn Jahren wieder und musste nach Luft schnappen. Sie wirkte unfassbar klein und gebrechlich, die dunkle Haut saß zu locker, die Züge waren ausgemergelt. Das weiße Haar trug sie in einem losen Dutt oben auf dem Kopf. Sie und meine Mutter blieben dicht voreinander stehen und starrten sich an. Meine Großmutter nahm das Gesicht meiner Mutter in die Hände und nickte. An dem Abend hörte ich, wie meine Mutter meinem Vater zuflüsterte, sie könne kaum noch atmen, so schlimm sei der Blutgeruch.

Wir verbrachten einige Tage in der Hauptstadt und halfen meiner Großmutter, ihre Angelegenheiten zu regeln und das Grab des Schuldirektors zu besuchen. Dann war sie bereit für Jacques Bertrand. Wir wollten sie überreden, in der Hauptstadt zu bleiben oder mit uns in die Staaten zu fliegen, aber meine Großmutter blieb standhaft. Wir fuhren auf der einzig passierbaren Landstraße nach Ouanaminthe. Die Reise dauerte Stunden, und als wir endlich ankamen, waren wir müde, verschwitzt, steif und gereizt.

Ouanaminthe war nicht mehr die Stadt von früher, sondern ein trauriger, hoffnungsloser Ort mit verfallenen Gebäuden und hohen Werbetafeln, von denen die Farbe abplatzte. In den Straßen drängten sich zu viele Menschen, und einer war bedürftiger als der andere. Die meisten Straßen waren völlig verschlammt vom letzten Hochwasser. Die Luft war erstickend schwül und drückte auf uns nieder. Als wir vor dem kleinen Zementbungalow standen, den meine Großmutter gekauft hatte, riefen uns Männer aus einem vorbeifahrenden Sammeltaxi Anzüglichkeiten zu. Mein Vater stellte sich vor mich und starrte ihnen erbost nach. Meine Mutter rieb sich die Stirn und verlangte nach einer weiteren Valium.

Während der ersten Tage blieben meine Mutter und meine Großmutter viel für sich. Ständig steckten sie die Köpfe zusammen, wie zum Ausgleich für dreißig Jahre Trennung. Was sie miteinander zu klären hatten, ließ keinen Raum für mich oder meinen Vater. Am zweiten Abend besuchte ich eine Bar in der Nähe. Alle glotzten, als ich mich hinsetzte. Ich trank wässrige Cola-Rums, bis mein Gesicht und meine Langeweile betäubt waren. Ich tanzte mit einem Mann namens Innocent zu einem Usher-Song. Als ich mich später ins Haus meiner Großmutter schlich, saß sie wartend im Dunkeln. Sie nickte, sagte aber

nichts. Am dritten Abend stand der helle Mond hoch

am Himmel und ergoss sein bleiches Licht auf und durch alles. Ich kroch in Tanktop und Boxershorts unter das Moskitonetz, legte mir einen Arm über den Kopf und einen auf den Bauch und spürte, wie mein Körper sich entspannte. Ich lauschte auf das Geräusch meiner schlafenden Familie. Ich versuchte zu verstehen, warum wir hier waren und was *hier* eigentlich bedeutete.

Kurz vorm Eindösen hörte ich ein Kratzen an der Tür. Ich setzte mich auf und zog die Laken um mich. Meine Großmutter erschien im Türrahmen und lockte mich mit einem ihrer gekrümmten Finger. Ich stieg langsam aus dem Bett, zog Jeans und Flipflops an. Meine Großmutter wartete an der Haustür auf mich. Meine Mutter stand neben ihr, trat nervös von einem Bein aufs andere und knetete ihr parfümiertes Taschentuch. »Was ist denn?«, fragte ich. Meine Großmutter lächelte. »Komm mit«, sagte sie.

Bis zum Ufer des Río Masacre war es ein guter Kilometer. Meine Großmutter hatte meiner Mutter eine Hand an den Rücken gelegt. In der Ferne sahen wir Soldaten am Grenzübergang, die glimmenden Enden ihrer Zigaretten durchlöcherten die Finsternis. Ich hörte Hunderte verängstigte Menschen durchs Wasser platschen, und alle sahen aus wie ich. Sie versuchten, sich in Sicherheit zu bringen, und dann wurde es ganz still. Meine Großmutter kletterte die feuchte, steile Böschung hinab. Meine Mutter ermahnte sie, vorsichtig zu sein. Als sie unten war, winkte sie uns zu sich. Ich streifte meine Sandalen ab, nahm die Hand meiner Mutter und half ihr ins Wasser. Wir standen an einer seichten Stelle. Ich krallte die Zehen in den Schlick des Flussbetts und erschauderte. Ich hatte mir den Fluss immer als riesiges, gähnendes, blutiges Monster vorgestellt, aber dort, wo wir standen, floss das Wasser schwächlich dahin. Es war nicht tief. Bloß eine Grenze zwischen dem einen und dem anderen Reich des Kummers.

Meine Großmutter zeigte nach unten. Der Saum ihres Morgenmantels trieb im Wasser. »Hier«, sagte sie leise.

Die Schultern meiner Mutter zuckten, aber sie gab keinen Laut von sich. Sie hielt sich an meinem Arm fest. »Ich kann nicht atmen«, sagte sie, ging auf die Knie und krümmte sich. »Ich muss die Wahrheit wissen.«

Ich kniete mich hinter sie, nahm sie in die Arme und versuchte, sie zu verstehen. »Doch, du kannst atmen«, sagte ich. Meine Großmutter sagte: »Du kennst die einzige Wahrheit, die von Bedeutung ist.« Wieder hörte ich Hunderte verängstigte Menschen im Wasser wehklagen. Sie reckten sich nach etwas Unerreichbarem. Die schweren Stiefelschritte der Soldaten brachten die Erde unter unseren Füßen zum Beben. Ich konnte ihren Schweiß riechen und spürte ihren wirren, ziellosen Hass.

Wir knieten noch eine ganze Weile im Wasser. Meine Großmutter stand daneben und schilderte im Flüsterton, wie sie Jacques Bertrand getroffen und in Erinnerung behalten hatte, und dann vertrockneten die Worte auf ihren Lippen. Ich strich meiner Mutter über den Kopf und wartete, bis ihre Atmung sich beruhigte und sie sich in melancholischer Trägheit aufrichtete und rücklings an meine Brust lehnte. Wir trauerten bis zum Morgen. Die Sonne ging auf. Helle Lichtstrahlen fielen auf uns und durch uns hindurch. Die Sonne brannte so heiß, dass sie den Fluss austrocknete und das Wasser in Licht verwandelte. Wir knieten in einem Bett aus Sand und Knochen. Ich fing an zu weinen. Ich konnte nicht mehr aufhören. Mit meinen Tränen wollte ich uns alle reinwaschen.

Lacrimosa

Marise glaubte, alles über Tränen zu wissen. Als sie ein kleines Mädchen in Port-au-Prince war, hörte ihr Vater Mozarts Requiem, während die Nachbarn zu Kompa, amerikanischem Rock'n'Roll und R&B tanzten. Der traurige, ernste Chor und die Streicher erfüllten das kleine Zweizimmerhaus. Wenn das Lacrimosa begann, schloss ihr Vater die Augen und hob eine Hand hoch in die Luft. Alle im Raum verstummten, so schön war die Musik, und Marise wusste, in diesem Moment fühlte sie alles, was es zu fühlen gab. Später wurde die Regierung gestürzt, einmal, zweimal, dreimal, die Leute hungerten und zwischen den Häusern ballte sich ein Gewirr aus Drähten, weil jede Familie versuchte, von hier oder dort elektrischen Strom abzuzweigen. Wenn man in der Gasse zwischen den Häusern stand, konnte man kaum noch den Himmel sehen, und später wurden die Generatoren angeworfen und verpesteten die Luft mit ihrem lauten, verärgerten Brummen und ihrem Dieselgestank. Marises Vater packte den Plattenspieler weg. Es gab nichts mehr zu fühlen.

Eines Tages stand ein UN-Soldat mit brauner Haut und hellblauer, kugelsicherer Weste vor ihrer Tür. Er stellte sich als Carlos Rocha aus dem brasilianischen Veli Velha vor. Den Helm trug er unter dem Arm, sein langes Gewehr auf dem Rücken. Dicke Schweißtropfen liefen ihm übers Gesicht. Er hatte Geld, ein träges, breites Lächeln und schwarze Locken. Carlos Rocha lächelte Marises einziges Kind an und kniff ihm mit schwieligen Soldatenfingern in die Wange. Er fragte, ob sie kochen könne und wie viel das Gästezimmer koste. Er lächelte noch breiter, auf seinen Wangen erschienen Grübchen. Marise lächelte nervös zurück und nannte ihren Preis. Alles in Port-au-Prince hatte einen Preis.

Der Soldat zog bei ihnen ein. Jeden Abend kam er in Marises sauberes, aufgeräumtes Haus und klagte über die Hitze, die Schwüle, den allgegenwärtigen Müll, die Menschen mit der dunklen, glänzenden Haut, die ihm Steine und Flaschen und Beschimpfungen an den Kopf warfen. Er aß, was Marise gekocht hatte. Er schlief in ihrem Bett und berührte sie mit seinen Soldatenhänden; er drang in sie ein, machte ihr Angst und löste noch andere Gefühle aus, die sie nicht verstand. Sie erfuhr alles über Tränengas; es gab chemische Stoffe, die dem alleinigen Zweck dienten, die Hornhautnerven zu reizen und dadurch den Tränenfluss auszulösen und Schmerzen zu verursachen. Er erzählte ihr, wie er und seine Einheit einmal in einem Bunker voller Tränengas gefangen waren. Die Soldaten hatten versucht, die Luft anzuhalten und nicht zu weinen, ihre Kiefermuskeln hatten unkontrolliert gezuckt und ihr Brustkorb drohte zu explodieren, und dann schluchzten sie los, nicht wegen des Brennens in Augen, Nase und Hals, sondern weil sie alles auf einmal fühlten und deswegen schutzlos waren. Marise sang dem Soldaten etwas vor, um ihn nach seinen langen Tagen der Patrouillen durch dunkle, gefährliche Straßen zu trösten. Sie lernte seine Sprache, und er ihre. Sie machte sich Sorgen.

Es dauerte nicht lange, und Marise hatte vergessen, dass Carlos ein Mann auf einer Mission war. Er war weit weg von seiner Heimat. Er würde nicht bleiben. Ihren Körper, der ihn wärmte und aufnahm, und den Geschmack ihrer Haut würde er einfach so zurücklassen. Er bewahrte sein gut geöltes Gewehr unter dem Bett auf, er trug es täglich und benutzte es, um damit zu schießen, zu verletzen und zu töten. Sie dachte nicht darüber nach, bis eines Tages ihr Sohn vor dem kleinen Zementhaus saß und mit tränenüberströmtem Gesicht leere Tränengaskartuschen neben sich aufstapelte, so hoch die kurzen Arme reichten. Als der Junge den Schatten seiner Mutter bemerkte, legte er den Kopf in den Nacken und sah sie aus nass glänzenden Augen an, eine Kartusche in jeder drallen Hand. »Mama, sieh mal!« Da erinnerte Marise sich an das, was war, und an das, was nie sein würde. Sie nahm das Kind in die Arme und spürte nichts als den bitteren Geschmack seiner Tränen auf ihrer Zunge.

Je heftiger sie
kommen

Über Die Amerikaner hatten wir alles Mögliche gehört – dass sie uns am liebsten mit hellbrauner Haut, weißen Zähnen und tief ausgeschnittenen Shirts wollen. Die Amerikaner wollen, dass wir von ihren riesigen Kreuzfahrtschiffen und anderen Dingen beeindruckt sind. Sie wollen, dass wir Englisch sprechen, aber nicht zu gut. Die Amerikaner wollen uns lächelnd und unterwürfig.

Jede Woche stellen wir uns tadellos gepflegt und frisiert in einer geraden Reihe auf. Wir schauen zu, wie sich das Kreuzfahrtschiff langsam in den Hafen schiebt. Kurz darauf strömen Die Amerikaner auf den Pier. Manche sind blass, andere gebräunt, die meisten groß und rotgesichtig. Die Frauen tragen schlecht sitzende Bikinis, Pareos oder Sommerkleider, die Männer Hawaiihemden, Surfershorts oder Khakihosen. Ihre Gesichter verschwinden hinter schwarzen Sonnenbrillen. Sie reden laut und gehen langsam. Sie kommen näher, lesen das große Schild mit der Aufschrift *Willkommen in Labadee*, sehen uns und sagen: »Die Einheimischen haben hier so eine schöne Farbe.«

Wir servieren ihnen Drinks und regionale Gerichte und verkaufen ihnen »Kunsthandwerk von einheimischen Künstlern«, das mit einem anderen Schiff hier angekommen ist, aus China.

Die Amerikaner mieten Jetskis und brüllen einander zu, während sie über die Wellen hopsen. Ihre Haut bräunt und verbrennt. Die Amerikaner sind glücklich.

Sie trinken immer mehr und werden immer lauter und glücklicher. Sie bitten uns, sie zu fotografieren, und dann richten sie die Kameras auf uns, damit sie nach der Heimreise ihre Freunde zu sich einladen und ihnen bei einem Glas Wein zeigen können, an was für gefährlichen Orten sie waren.

Die Amerikaner reiben sich mit UV-Schutz ein, räkeln sich auf den gestreiften Liegen und schwitzen in der Sonne, bis die Luft nach widerlich süßem Kokosöl riecht. Sie hören Musik, lesen Hochglanzmagazine und können sich nicht entscheiden, was sie abends auf dem Schiff essen wollen. Sie beschweren sich über das schwülwarme Klima.

Sie sagen, sie mögen dieses Haiti ganz gern. So sauber und ruhig, so hübsch und gar nicht wie auf CNN. Die Amerikaner stellen Fragen, warten die Antworten aber nur selten ab. Jenseits des Piers und des weißen Sandstrands mit den gestreiften Sonnenliegen und den Strohhütten mit den bunten Dächern zieht sich ein Streifen aus üppiger Vegetation und hohen Palmen hin, und dahinter ein sehr hoher Zaun, der dieses Haiti von dem anderen Haiti trennt. Die Amerikaner wollen das andere Haiti nicht sehen, aber sie wissen, dass es existiert.

Die Amerikaner – die Männer – mögen und begehren uns. Sie glauben, wir seien ein käuflicher Teil der Hispaniola-Erfahrung. Sie bieten uns amerikanische Dollar und erwarten, dass wir uns von Andrew Jacksons Konterfei beeindruckt zeigen. Wir bevorzugen Benjamin Franklin. Die Amerikaner grabschen uns an den Po und flüstern uns ins Ohr, wir spüren ihren warmen Alkoholatem auf der Haut. Die Einfallsloseren unter ihnen sagen Sachen wie: »*Voulez-vous coucher avec moi?*« Ihr Akzent ist schwer und ungelenk, sie überbetonen jede Silbe. Einige von uns sind tatsächlich käuflich, oder sie sind neugierig zu erfahren, wie es mit einem so hellhäutigen Mann ist. Andere sind einfach nur gelangweilt oder gleichgültig. Wir fordern Die Amerikaner auf, uns zu folgen. Wir gehen langsam über den warmen Sand und schwingen die Hüften, während sie uns begaffen und obszön daherreden. Wir tun so, als verstünden wir es nicht. Wir gehen, bis das Pier nicht mehr zu sehen ist, bis die Stimmen der Jetskifahrer und der feilschenden Kunden an dem Kunsthandwerkständen verstummen. Wir schleichen uns hinter einen

Felsen oder ein Palmendickicht oder dorthin, wo der Strand menschenleer und dunkel ist.

Die Männer – Die Amerikaner – gaukeln uns keine Romantik vor. Es gibt keinen zärtlichen Moment. Sie beißen uns in die nackten Schultern und quetschen unsere braunen Brüste mit fleischigen Händen. Stöhnend befehlen sie uns, niederzuknien und ihn in den Mund zu nehmen. Sie wollen wissen, ob es uns gefällt. Wir tun so, als verstünden wir sie nicht. Wir flüstern blödes Zeug, auf Französisch. Wir unterdrücken ein Glucksen, was wie Stöhnen klingt und Die Amerikaner entzückt. Sie nehmen uns von hinten, während wir Hände und Wange an den heißen Felsen drücken. Sie ficken uns hinter den Marktständen oder am Zaun hinter den üppigen Palmen. Es dauert nie lange. Sie bedanken sich nie. Aber Die Amerikaner kommen immer.

Alles ist relativ

Die Kupfergebiete der Upper Peninsula in Michigan sind ein vergessener Ort. Die weite Landschaft ist dicht bewaldet, Geister und Skelette streifen durch die Industrieruinen. Im Sommer ist die Upper Peninsula atemberaubend und unwiderstehlich; im Winter liegt sie unter dicken Schichten aus Schnee, Eis und Sand vergraben und ist erbarmungslos, abweisend und unentrinnbar.

Früher hat hier das Kupfer regiert. Es gab Minen voller Erz und Männer, die bereit waren, der Erde ihre Schätze zu entreißen. Die Minenbesitzer wurden reich. Sie bauten sich prächtige Villen auf Hügeln und ließen öffentliche Gebäude nach sich benennen. Die Männer, die für die Minenbesitzer arbeiteten, wurden nicht ganz so reich, konnten es sich aber immerhin leisten, ein Eigenheim zu kaufen, ihre Familie zu ernähren und sonntags in die Kirche zu gehen, um Gott für seine vielen Gaben zu danken.

Der Fortschritt ist rücksichtslos, und der Mensch kann naturgemäß den Möglichkeiten nicht widerstehen. Wo einst Männer das Kupfererz aus dem reichen Boden der Upper Peninsula schürften, kamen später die Maschinen, und noch später wurde all das nicht mehr gebraucht, und übrig blieb nichts.

In einer stillgelegten Mine lässt sich Schönheit finden, und eine tiefe Traurigkeit. Die verfallenen Stollenwände neigen sich in schiefen Winkeln, die Maschinen sind mitten in der Bewegung eingerostet. Das Gras wuchert wild und greift auf alles über.

Die alten Eigenheime, durchspukt von Minenarbeitern ohne Mine, lösen sich nicht einfach auf. Sie verfallen. Sie gehen in die Knie. Sie lassen den Kopf hängen.

Auch hier oben in Michigan erreichen uns die Nachrichten – drastische Schilderungen von Rezessionen, Depressionen und Arbeitslosigkeit. Die Dinge, sagt man uns, haben sich verändert. Neue Welt, neue Wirtschaft. Die Leute sind hungrig, erschöpft, krank und verarmt. Es gibt keine Gnadenfrist und keine Möglichkeit, den Hunger zu stillen, den Geist zu beleben, die Wunden zu heilen oder das Schicksal zu ändern. Wir lachen verbittert. Was soll daran neu sein?

Meine Eltern wurden in Haiti geboren, der ersten freien Schwarzen Nation der Welt.

Eine Insel der Widersprüche.

Der Sand ist immer warm. Das Wasser ist von einem so grellen, klaren Blau, dass der Anblick manchmal schmerzt. Kunst und Musik sind vielfältig, aufschlussreich und ekstatisch. Das Zuckerrohr ist hart und süß.

Dennoch. Die meisten Leute glauben das Folgende: Haiti ist das ärmste Land der westlichen Hemisphäre. Das Volk ernährt sich von Lehmfladen. Es gibt keine Infrastruktur – keine Kanalisation, keine befestigten Straßen und eine willkürliche Stromversorgung. Die Frauen leben in Unsicherheit. Krankheiten können nicht behandelt und die Gewalt kann nicht eingedämmt werden. Das Land erodiert, der Himmel droht herabzustürzen.

Anscheinend hat die Freiheit ihren Preis. Wir definieren uns über das, was wir nicht sind und nicht haben.

Auch in Haiti empfangen wir die amerikanischen Nachrichtensender, per Satellit wird CNN zu uns hinabgestrahlt. Wir hören von Rezessionen und Depressionen, von Arbeitslosigkeit und der veränderten Welt. Im Hintergrund wummert der Generator, in der Ferne sind manchmal Schüsse zu hören, wenn sich die UN-Friedenssoldaten ein Gefecht mit kriminellen Gangs liefern. Wir lachen. Wir staunen über die guten Nachrichten. Der bittere Geschmack brennt auf der Zunge.

Gracias Nicaragua y Lo Sentimos

Nicaraguenses, nosotros Haitianos lo sentimos pero no queremos más el titulo del país más pobre en el hemisferio occidental. Le damos las gracias. El deshonor ahora es el suyo.

Eins sollte man wissen: Alle durch die Medien verbreiteten Nachrichten, egal ob auf Euronews, Univision, ESPN, ABC, CNN, CBS, FOX oder NBC, beginnen und enden mit der Feststellung, die geliebte Heimat sei das ärmste Land der westlichen Hemisphäre. Du bist, was du nicht hast.

Du hörst es dir an, bis dir schlecht davon wird, bis du *su tierra* nicht wiedererkennst, bis du die Geschichten für wahr hältst und glaubst, dass nichts anderes mehr zählt, dass *si no puedes comprar cosas que no necesitas, tu no existes, tu no cuentas, tu no mereces respeto.*

Ob es in den Beiträgen um nicaraguanische Kunst, um Essen, Musik oder die Menschen geht, spielt keine Rolle. Sie könnten auch von Arbeitslöhnen oder Naturkatastrophen handeln, von Unruhen in den Provinzen, der neuesten Telenovela oder dem letzten *escándalo político*.

Wenn *por ejemplo* eine blonde amerikanische Reporterin eine berühmte nicaraguanische Kinderbuchautorin interviewt, wird ihre erste Frage auf jeden Fall lauten: »Wie ist es, aus dem ärmsten Land der westlichen Hemisphäre zu kommen?«

Und dann steht die arme Autorin da mit ihrem bunt illustrierten Buch, mit ihren Ideen, ihrem Elan und ihrer Energie. Sie hatte sich darauf vorbereitet, über *historias para los niños* zu sprechen, aber stattdessen muss sie sich jetzt schnell an das politikwissenschaftliche Seminar erinnern, bei dem sie in der Uni geschlafen hat, um sich in ihrer neuen Rolle als politische Korrespondentin zu beweisen.

Aber wenn du das gehört hast, ist dir wenigstens klar, was dich erwartet. Vielleicht tröstest du dich mit *el conocimiento*, dass es vielleicht nicht mehr lange dauert, bis Ayiti dir den Rang wieder abgelaufen hat. *El deshonor siempre ha sido nuestro.*

Wir fressen
keinen Dreck

Ein- oder zweimal im Monat bekommt Elsa in Cap-Haïtien einen Brief von ihrer Cousine Sara aus Miami. Der Umschlag, vollgestopft mit Neuigkeiten und US-Dollars, verheißt ein besseres Leben an einem besseren Ort, eine bessere Zukunft und bessere Produkte.

Ich wünschte, ich könnte dir South Beach zeigen, schreibt Sara. Die Männer sind da noch schöner als die Frauen. Alle tragen Make-up und elegante Kleidung. Der Strand ist nicht wie daheim, er ist voll und verdreckt. Nach der Arbeit laufen meine Freundinnen und ich barfuß am Wasser entlang. Wir trinken Wein direkt aus der Flasche und essen McDonald's und andere gute, ungesunde Sachen. Die Pommes sind so versalzen, dass man sich die Körnchen noch Stunden später von den Fingern und Lippen lecken kann.

Elsa bewahrt die Briefe in einer Blechdose auf, gleich neben dem schmalen Bett, das sie sich mit ihrem Freund teilt. Sie nennt ihn ihren Mann, obwohl er nebenher noch eine andere hat.

Meine liebe Cousine, antwortet Elsa, South Beach

klingt wie ein Traum. Ich habe noch nie Wein getrunken, aber macht nichts. Wir haben ja unseren Rum. Wie du wissen musst, zieht Christian immer noch die alte Nummer ab. Er hat keine Arbeit und ist ständig unterwegs, aber ausziehen will er nicht. Ich denke oft an dich. Ich warte darauf, dass du mich entführst.

Elsa vermisst Sara. Wirklich. Sie hasst Sara. Im Ernst. Sie hasst die Briefe, die Neuigkeiten, die Verheißungen, die Lügen. Sie will nichts mehr von Klimaanlagen oder kaltem Trinkwasser direkt aus der Leitung hören, von TV-Serien über Stripper, Millionäre und alle möglichen anderen Leute.

Stimmt es, dass Haitianer Lehmfladen essen?, hat Sara gefragt. Kann es sein, dass ich zu lange nicht zu Hause war und vergessen habe, dass *das Land selbst* uns ernährt? Gestern Abend war ich bei Dairy Queen. Die Eiscreme hat mich an ein Gedicht erinnert, das wir mal in der Sekundarschule gelesen haben. Es handelte von süßen, kalten Pflaumen in einem Kühlschrank. Falls es stimmt, dass wir nichts mehr haben als den Boden unter unseren Füßen – mit Wasser angerührt, gesalzen, von Händen geknetet, in der Sonne gebacken, krümelig im Mund –, werde ich nie wieder etwas Süßes essen.

Wer auf der Insel geblieben ist, kennt diese Berichte von Euronews und Radio Metropole. Ein einziger, eifriger Journalist hat gesehen, was er sehen wollte: eine alte Frau, die am Straßenrand über den Fladen kauert, die nackten Knie rechts und links aus den Rockfalten geschoben.

Ma chère cousine, schreibt Elsa. Ich habe deinen Brief am Strand gelesen, der weiße Sand hat mir fast die Fußsohlen verbrannt. Das Wasser war so klar und blau, dass es in den Augen wehgetan hat. Gestern Abend hat Maman uns griot mit diri ak pwa gekocht, und weil Christian gutes Essen selbst dann noch riechen kann, wenn sein Kopf zwischen den Beinen einer Frau steckt, ist er endlich nach Hause gekommen. Wir haben zusammen gegessen und gelacht. Wir hatten nicht viel, aber es hat gereicht. Lass mich eines sagen: Wir haben vielleicht nicht mehr so viel zu essen wie früher, und wenn Christian Reis von der UNO holen will, muss er seine Waffe und drei Freunde mitnehmen. Manchmal wachen wir morgens mit leerem Magen auf, mit wütend knurrendem Magen, aber niemals würde uns beim Anblick der Erde unter unseren Füßen das Wasser im Mund zusammenlaufen. Wir müssen unseren Stolz hinunterschlucken, aber wir fressen keinen Dreck.

Was man über haitianische Frauen wissen sollte

Als seine Ehefrau noch ein kleines Mädchen war, hat sie mit einem Küken gespielt. Sie hat es lachend über den Hof gescheucht und hatte ihren Spaß dabei. Als die Henne merkte, dass eines ihrer Kinder geärgert wurde, rannte sie über den staubigen Hof und hackte seiner Noch-nicht-Ehefrau in die Beine. Als seine Schwiegermutter sah, dass auf ihrem Kind herumgehackt wurde, lief sie aus dem Haus, riss die Henne in die Höhe und brach ihr das Genick. Sie ließ die Henne zubereiten und am Abend der Familie servieren; etwas Köstlicheres, sagte sie, habe sie nie gegessen. Als die Küken herangewachsen waren, tötete sie auch diese. Der Punkt, sagt der haitianische Vater zu jedem neuen Verehrer, ist der: Um mich brauchst du dir keine Gedanken zu machen. Eher um die Mutter.

Von Geistern und Schatten

ch beobachte meine Geliebte Amèlie, wie sie über den Markt geht und sich Produkte ansieht, die sich keine von uns leisten kann. Es ist abartig heiß, die Art von Hitze, bei der selbst die Augäpfel schwitzen. Am liebsten würde ich ins salzige Meer springen und mich abkühlen. Ich beobachte meine Geliebte, weil alles andere zu gefährlich wäre. Ihr Gesicht ist schmal und hager, aber wenn ihre Fingerspitzen den begehrten Plunder streifen, leuchten ihre Augen, und ihre Schultern entspannen sich. Ich stelle mir vor, wie sie sich vorstellt, die begehrten Stücke zu besitzen. Auf dem Markt treiben sich auch einige Touristen herum, sie wirken ein bisschen orientierungslos, als hätten sie die falsche Broschüre gelesen. Die meisten Amerikaner, die nach Haiti kommen, erwarten Verhältnisse wie in Aruba oder St. Kitts. Sie vermengen alle kleinen Inseln zu einem einzigen Paradies, wo der Alkohol ungehemmt fließt und durchtrainierte Pooljungen ihnen jeden Wunsch von den Augen ablesen. Zu ihrem Pech sind alle Pooljungen ins Ausland geflohen, und nun gibt es keine Eiswürfel für ihre Drinks mehr.

Ich kenne Amèlie seit meiner Kindheit. Unsere Mütter sind beste Freundinnen. Wir sahen, wie unsere Väter abgeholt wurden, weil sie sich für freie Wahlen eingesetzt hatten, und wie unsere Brüder auf dem Meer oder im Hinterland verschwanden. Wir passten aufeinander auf, immer. Einmal, als wir bei ihr zu Hause auf der Veranda saßen und Mangosaft tranken und uns die kalten Gläser zwischen den Schlucken an die Stirn hielten, drehte sie sich zu mir um und sagte: »Manchmal, Marie Françoise, will ich nichts auf der Welt sehen als dich.«

Lärmende, kichernde Schulkinder drängen an mir vorbei, und der Anblick bringt mich fast zum Weinen. Nicht, weil sie unschuldig sind, sondern weil sie jung sind und sich wünschen, was sie nicht haben können. Amèlie hebt den Kopf und sieht mich an. Niemand außer mir würde das Lächeln in ihrem Blick bemerken. Sie hebt die Augenbrauen, verzieht kaum merklich den Mund, streicht sich mit dem Daumen übers Kinn. Ich wende mich ab und tue so, als sei ich an Cornflakes für dreizehn Dollar interessiert. Ich streiche mir über eine Braue und ziehe mir den Finger über die Wange, es ist meine Art zu lächeln und ihr zu sagen, dass ich ihr Gesicht berühren und beim Einkaufen ihre Hand halten möchte; ich möchte ihr meine Fantasien ins Ohr flüstern von dem, was wir

uns wünschen und was nicht sein kann.

Ich gehe langsam auf sie zu und ignoriere die spitzen Ellenbogen, die eingefallenen Gesichter, die müden alten Frauen mit den verkniffenen Mündern. Mein Herz klopft bei jedem Schritt, das stechende Ziehen zwischen meinen Schenkeln dämpft sich zu einem sanften Pochen. Ich sollte mich von ihr fernhalten, aber heute fühle ich mich besonders rebellisch. Ich genieße es, mich mit diesem Spiel zu quälen, wenn sie so nah und gleichzeitig so unerreichbar fern ist. Als ich endlich neben ihr stehe, streiche ich mit der linken Hand vorsichtig über bunte Perlen und lasse die rechte schlaff herunterhängen. Zwei Finger recken sich nach dem verwaschenen rosafarbenen Stoff ihres Kleides – eins von den dreien, die sie besitzt. Sie neigt sich herüber, und ich spüre den sanften Druck ihres Oberschenkels an meinen Fingerspitzen und ihren nackten Arm an meinem.

Sie dreht sich um, ich spüre ihren starrenden Blick. Ich zwinge mich, geradeaus zu schauen, aber es ist, als greife sie mit ihrem Blick in mich hinein, durch Haut, Knochen und Blut bis in mein Herz. Ich bewege die Finger aufwärts, zeichne die Rundung ihrer Hüfte nach und die Einbuchtung ihrer Taille. In einer anderen Zeit, an einem anderen Ort oder als eine andere Person könnte ich jetzt hinter ihr stehen und meine Lippen an ihren Nacken legen. Ich würde sie umarmen, ein kurzer Moment der Zweisamkeit, bevor wir weiter über den Markt schlendern, Hand in Hand. Aber weil wir im Hier und im Jetzt sind, weiche ich zurück; ich habe gesehen, dass sich ein Mob aus wütenden jungen Männern nähert. Ich bezweifle, dass ihre Wut einen bestimmten Grund hat. Sie ärgern sich wie alle jungen Männer dieser Tage; über ihre Ohnmacht, ihre Sehnsucht, ihr Leben. Wir alle spüren diese Wut in uns, aber nur die Männer dürfen sie ungehemmt zeigen.

Ich wende mich ab und gehe los, und obwohl ich mich am liebsten umdrehen und *Ich liebe dich* flüstern würde, bleibe ich nicht stehen. An Tagen wie diesem könnte ich gehen, bis die Muskeln in meinen Beinen brennen, bis ich im Wasser bin, bis ich eine Zeit und einen Ort erreicht habe, wo Amèlie und ich zusammen sein können, ganz offen.

Aber vorläufig sind wir Frauen, die es nicht gibt. Wir sind weniger als Schatten, aber mehr als Geister. Wir sind die vom rechten Pfad abgekommenen Verwandten, über die die Nachbarn in entsetztem Tonfall tuscheln. Wir sind die Frauen, die von allen ignoriert werden, denn Liebe zwischen zwei Frauen ist etwas Amerikanisches, mit dem gottesfürchtige Insulaner nichts zu schaffen haben wollen. Einige machen keinen Hehl aus ihrem Lebensstil, hauptsächlich Männer, Künstler, deren exaltiertes Auftreten ihnen gestattet wird, weil sie so genial sind.

Doch selbst sie sehen sich gelegentlich der Verachtung ausgesetzt; eine Beleidigung hier, ein Steinwurf da. Und wenn sie erkranken, nehmen die anderen es mit einem selbstgefälligen Lächeln zur Kenntnis, eine bittere Ermahnung an das Gute, während ihre Leiber dahinsiechen.

Einmal wurden Amèlie und ich erwischt, da war ich dreiundzwanzig und sie zweiundzwanzig. Es war spät am Abend, und wir hatten uns in der dunklen Gasse zwischen unseren Häusern getroffen. Unsere Mütter schliefen, alle Nachbarn schliefen. In dem Moment waren wir die einzigen beiden Frauen auf der Welt, und wir fühlten uns gewissermaßen frei – frei zu tun, was wir wollten. Selbst bei Nacht war es so heiß, dass wir schwitzten. In manchen Nächten in Haiti scheint der Mond so heiß wie die Sonne. Amèlie trug ein T-Shirt und ausgetretene Sandalen. Die oberen drei Knöpfe meines Hauskleids standen offen. Wir nahmen einander an den Händen und verzogen uns an den dunkelsten Ort in der dunklen Gasse, wir ertasteten das Gesicht der anderen, als könnten sich in den wenigen Stunden, die wir getrennt waren, unsere Züge verändert haben.

Ich fuhr mit der Zunge von ihrem Kinn bis an die Kuhle am Halsansatz. Ich schmeckte salzigen Schweiß und spürte ihren Atem als Summen unter der Haut. Wir sagten nichts, denn wir brauchten keine Worte. Im Lauf der vielen Jahre hatten wir uns längst alles gesagt. Sie legte mir eine Hand an den Hinterkopf und zog mich an sich und küsste mich so leidenschaftlich, als wollte sie mich am Stück verschlingen. Unsere Lippen waren so trocken und rissig, dass ich Blut schmeckte. Meine Zunge schob sich in ihren Mund, begegnete ihrer. Sie drückte mich nach unten und zog sich das T-Shirt über die schmalen Schultern. Ich legte ihr meine Hände an die Brüste, und die weichen Hügel quollen zwischen meinen Fingern hervor. Amèlie flüsterte nur ein Wort, »bitte«, und ich drückte sie zu Boden und spreizte gierig ihre Schenkel.

Die Erde unter uns war warm, einladend und weich. Aber da hörten wir ein Keuchen, und ich wusste, wenn ich mich jetzt bewegte, würde mir das Herz aus der Brust rutschen und zu Boden fallen. Ich wusste, nun würden alle meine Befürchtungen wahr. Ich hatte den Moment schon oft erlebt. Amèlie krabbelte davon, griff nach dem T-Shirt, bedeckte sich die nackten Brüste mit den Armen und kauerte am Boden, als könnte sie sich auf diese Weise unsichtbar machen. Ich drehte ganz langsam den Kopf und sah meine Mutter in einem dünnen Streifen aus Mondlicht stehen, und ihr Gesichtsausdruck war so entsetzt und fremd, dass ich sie kaum erkannte. Sie drehte sich um und ging weg. Wir sprachen nie darüber – weder ich und meine Mutter noch ich und meine Geliebte –, aber Amèlie und ich trafen uns nie wieder in der dunklen Gasse zwischen unseren Häusern.

Jetzt, fünf Jahre später, treffen wir uns zum Sex im Haus einer Freundin, wann immer es möglich ist, gelegentlich kommen wir auch mit Gleichgesinnten zusammen, Frauen und Männer, die wie wir weniger als Schatten und mehr als Geister sind. Diese Treffen, Samstagabende in irgendeinem privaten Hinterzimmer in Port-au-Prince, sind jämmerlich verhuschte Veranstaltungen. Wir zahlen zehn Dollar Eintritt, trinken verwässerten Rum und geben vor, mit Freunden irgendwo in einem Club in New York, Miami oder Montreal zu stehen. Wir versuchen, liebevoll miteinander umzugehen, und lassen uns nicht anmerken, dass wir die ganze Zeit die Tür beäugen und fürchten, erwischt zu werden. Amèlie und ich schleichen uns in ein dunkles, unangenehm feuchtes Badezimmer, wo man sich kaum bewegen kann, zerren an unserer Kleidung, schieben einander eine Hand zwischen die Schenkel und küssen uns so lange, bis wir meinen, füreinander zu atmen. Wir wollen unseren Körpern so viel Lust wie möglich abgewinnen, bevor wir wieder nach Hause müssen.

An einem ungewöhnlich kalten Dezemberabend vor nicht allzu langer Zeit hat eine Männergruppe, eigentlich eher Jungs, unsere Privatparty gestürmt. Amèlie und ich saßen Arm in Arm auf dem Sofa, als fünf Männer zur Tür hereinkamen. Sie stanken nach Alkohol und nach Hass. Unseren Freund Albèrt, der am Eingang stand, packten sie am Kragen, stießen ihn gegen die Wand und beschimpften ihn aufs Übelste. Einer der Männer, groß, mit heller Haut und groben Zügen, warf die Stereoanlage zu Boden und drosch mit einem Baseballschläger darauf ein. Die Musik spielte aus unerklärlichem Grund weiter. Wir hörten ihre obszönen Flüche und die blecherne Musik. »Schwuchteln«, höhnte der Mann mit dem Baseballschläger. Kurz waren wir alle wie erstarrt, alle elf, als könnte unsere Passivität die Szene irgendwie abkürzen. Und dann rannten wir los und zur Hintertür hinaus, bloß weg von dem Haus. Wir wussten, wir waren feige, aber wir wagten es nicht, uns umzusehen. Am nächsten Tag erfuhren wir, dass Albèrt mit drei gebrochenen Rippen, einer gebrochenen Hand und vielen Blutergüssen im Krankenhaus lag. Ich bedauerte ihn für die Schmerzen, aber ich wollte nicht, dass mir dasselbe passierte, und auch nicht Amèlie. Noch mehr Scham, die ich ertragen musste. Das galt für uns alle. Wir trafen uns trotzdem weiter und brachen *die Regeln*, denn wir wussten, diese gestohlenen Momente waren alles, was wir in der großen weiten Welt hatten.

Als ich nach Hause komme, liegt meine Mutter schon im Bett und schläft. Einen großen Teil der letzten Jahre hat sie schlafend verbracht, und ich kann sie verstehen. Ich stehe in der Tür und lausche auf ihre Atemzüge, flach und verschüchtert. Die Falten in ihrem Gesicht sind tief. Im Schlaf sieht sie so entspannt und friedlich aus, dass ich sie auf keinen Fall aufwecken und ihr stilles Glück stören will. Und sie zu wecken, würde genau das bedeuten. Wenn sie mich ansieht, erkenne ich den Schmerz in ihrem Gesicht. Den Kummer darüber, eine Tochter zu haben, die sie liebt, aber nicht will. Manchmal spiele ich mit dem Gedanken, eine Beziehung mit einem Mann anzufangen – irgendeinem. Meine Mutter wäre entzückt. Aber dann erinnere ich mich an Amèlies Hals, an ihre zitternden Finger, die über meine streichen, und ich weiß, dass ich trotz der unerträglichen Distanz zwischen uns nichts ändern möchte. Sie möchte das auch nicht.

Ich gehe in die Küche und bereite mir einen Milchkaffee zu, und obwohl es heiß ist, selbst hier drinnen, halte ich das Gesicht in den Dampf und spüre, wie meine Poren sich öffnen. Vom Küchenfenster kann ich zu Amèlies Haus hinübersehen. Ich sitze da und warte, dass sie vom Markt zurückkommt. Ihre Mutter steht auf der Veranda und winkt mir zu. Ich lächele schüchtern und winke zaghaft, dann wende ich die Augen ab, bevor ich mich verrate. Ich sitze stundenlang am Fenster und erinnere mich an das letzte Mal mit Amèlie. Wie hastig es war, wie unbefriedigt es mich zurückließ. Ich denke an ihre schwitzigen Beine, die sich bei jedem Schritt aneinanderreiben, und ich denke an sie auf dem Markt, an meine Fingerspitzen an ihrem warmen Oberschenkel. So viele gestohlene Momente.

Unser erstes Mal war unbeholfen und verlegen. Ich war neunzehn, sie war gerade achtzehn geworden. Wir liefen zusammen von der Schule nach Hause, wir spürten den rissigen, heißen Asphalt durch unsere dünnen Schuhsohlen, und dann ergriff ich ihre Hand und drückte sie, bis meine Fingerknöchel weiß wurden. Amèlie blieb stehen und sah mich fragend an. Ich öffnete den Mund, aber nichts kam heraus. Die Worte waren da, aber ich wusste nicht, wie ich sie mit meinen Lippen formen sollte. Von fern näherte sich ein einsamer Toyota, trotzdem schloss ich die Augen, beugte mich vor und küsste sie sachte auf den Mund. Ich fuhr eine ihrer Augenbrauen mit dem Finger nach, und dann drehte ich mich um und rannte weg und versuchte, nicht zu weinen. Sie rief mir nach, doch als ich mich umdrehte, stand sie einfach nur da, also rannte ich weiter, über die Straße und in ein Zuckerrohrfeld. Ich ignorierte die dornigen Ranken, die mir die Beine zerkratzten, und ich blieb erst stehen, als ich zu Hause war. Als meine Mutter mich sah, legte sie sich eine Hand an die Brust, aber ich schüttelte nur den Kopf, verschwand in mein Zimmer, setzte mich in einer Ecke auf den kalten Zementboden, schlang mir die Arme um die Knie und wiegte mich vor und zurück.

Sekunden später klopfte es an der Tür.

»Geh weg«, sagte ich heiser, aber die Tür öffnete sich langsam und quietschend und da stand Amèlie, bleich und mit geschürzten Lippen. Sie trat ein und schloss die Tür hinter sich.

»Warum hast du das getan?«, fragte sie.

Ich ließ den Kopf sinken und starrte zu Boden. Sie kam so nah heran, dass ich ihren Schweiß und einen Hauch ihres Parfums riechen konnte. Sie ging in die Hocke, lehnte die Knie an meine und nahm mein Gesicht zwischen die Hände, und in dem Augenblick hielt sie mich ganz.

»Warum hast du das getan?«, fragte sie noch einmal.

Ich sah sie an. »Ich habe Gefühle für dich, die ich nicht haben sollte. Ich wünsche mir Dinge, die ich mir nicht wünschen darf.«

»Woher willst du das wissen?«

Ich lachte verbittert. »Wenn du die Wahrheit wüsstest, würdest du dich umdrehen und gehen. Du würdest mich nie wieder ansehen.«

»Kennst du mich denn gar nicht?«

»So einfach ist das nicht.«

Sie nahm meine Hand und zog sie zwischen ihre Brüste. Meine Finger zitterten, ich spürte ihre warme Haut durch den T-Shirtstoff. Es kostete mich alles an Beherrschung, meine Hand nicht nach rechts oder links zu bewegen. Aber da schob Amèlie sie mit sanftem Druck unter ihr Shirt, über ihren glatten Bauch bis an eine rundliche Brust. Ich seufzte schwer, genoss das Gewicht in meiner Hand. So lange hatte ich mir diesen Augenblick vorgestellt, allein im Bett in dunklen, schwülen Nächten, dass ich jetzt einen stechenden Schmerz zwischen den Augen spürte und die ganze Welt für einen Moment in gleißendem Weiß versank.

»Vielleicht ist es doch so einfach«, sagte sie.

Ich stieß einen verwunderten Laut aus trockener Kehle aus, küsste ihr Kinn, ihren Hals, zerrte ihr das Shirt über den Kopf und ließ meine Lippen an ihr abwärts wandern. Sie zog mich an sich, ihre Finger beschrieben kleine Kreise in meinem Nacken. Ich hörte meine Mutter durch die Küche schlurfen, mein Herz raste und ich betete, dass sie uns nicht stören würde. Ich schob eine Hand unter den Gummizug von Amèlies Rock. Sie kniete stumm vor mir, spreizte ganz leicht die Beine und reckte sich meinen Fingern entgegen. Ich wusste nicht genau, was ich da tat. Ich hörte die Stimme meiner Mutter wie ein fernes Echo, sie rief mich an den Tisch und fragte Amèlie, ob sie mitessen wolle. Ich bekam keine Luft mehr.

Als Amèlie endlich nach Hause kommt, ist es schon seit Stunden dunkel. Sie bleibt auf der Schwelle ihres Hauses stehen, will hineingehen, entdeckt mich in der Finsternis, überlegt es sich anders und kommt herüber. Ich mache ihr auf, und sie sieht so traurig aus, so leer. Ich öffne die Arme, sie lässt sich an meine Brust sinken und legt den Kopf an meine Schulter.

»Ich kann heute nicht allein schlafen«, flüstert sie. »Es geht einfach nicht.«

Ich hebe ihr Kinn an und sehe ihr in die Augen. »Wir könnten Patricia fragen, ob wir bei ihr übernachten können.«

Amèlie schüttelt den Kopf. »Ich möchte hier schlafen, in deinem ... in unserem Bett.«

Ich spüre Schmetterlinge in meinem Bauch. Mir war gar nicht bewusst gewesen, wie sehr ich mich nach diesen Worten aus ihrem Mund gesehnt hatte. »Meine Mutter ist da.«

»Das ist mir egal. Dir nicht?«

Ich denke an all die kleinen Freuden, die wir uns jahrelang versagt haben. Diese eine Sache kann ich ihr nicht verwehren, sie hat mich noch nie um etwas gebeten. »Komm«, sage ich und gehe vor ins Schlafzimmer.

Wir schleichen am Zimmer meiner Mutter vorbei. Sie schnarcht, aber ich verzichte darauf, die Tür zu schließen, und auch die zu meinem Zimmer bleibt offen. Amèlies Mut an diesem Abend mag blind sein, aber jetzt will ich mich genauso tapfer zeigen. Angesichts von so viel Mut stellt sich mir die Frage, ob es wirklich etwas zu fürchten gibt – ob nicht vielleicht nur Geister und Schatten unserer Leidenschaft im Weg stehen. Sie zieht sich aus, ich auch, und wir kriechen ins Bett. Es knarzt unter unserem Gewicht. Amèlie dreht sich auf den Rücken, ich liege auf der Seite.

Sie streicht mir mit dem Daumen über den Mund. Ihre Lippen sind zu einem echten Lächeln verzogen, ihre hellbraunen Augen unendlich tief. Ich erkenne darin Furcht, ein bisschen Glück, Verlangen.

Die Spannung zwischen uns ist greifbar. Ich frage mich, ob Amèlies Mutter weiß, wo ihre Tochter ist und was sie tut. Ich atme laut aus. Ich hatte gar nicht gemerkt, dass ich die Luft angehalten habe.

»Psst«, sagt Amèlie und legt mir einen Finger an die Lippen. Ich denke daran, in welcher Gefahr wir sind. Ich denke an Steine, die einen Körper treffen. Möglicherweise steht meine Mutter in der Tür, aber ich sehe nicht hin.

Wir liegen nebeneinander, Amèlie schiebt eine 164 Hand auf meine. Ich schlafe ein, bevor ich ihr sagen kann, wie sehr ich sie liebe. Ich höre ihr Herz schlagen und das Rauschen ihres Bluts. Ich komme nicht mehr dazu, ihr zu sagen, dass sie vor dem Morgengrauen gehen muss. Ich bin zu müde und zu zufrieden, um Angst zu haben. Morgen früh wird meine Mutter uns hier finden, mit ineinander verschränkten Gliedmaßen und eng aneinandergeschmiegt, wie wir dieselbe Luft atmen. Meine Mutter wird glauben, Geister zu sehen, oder Schatten, und das zu Recht.

Ein kühler,
trockener Ort

Yves und ich gehen zu Fuß, denn selbst wenn sein Citroën nicht kaputt wäre, kostet ein Liter Benzin fast sieben Dollar. Er trägt dünne, abgewetzte Shorts, und seine Oberschenkel zittern vor Anstrengung. Er macht sich Sorgen um meine Sicherheit, deswegen holt er mich jeden Abend um sechs von der Arbeit ab und begleitet mich nach Hause, zwanzig Kilometer durch Staub und sengende Hitze. Es stinkt nach Autoabgasen und süßem Zuckerrohr. Wir versuchen, den wild gewordenen Autofahrern zu entgehen, die uns nur zum Spaß von der Straße drängen wollen. Wir gehen langsam, und mein Herz schlägt schneller, als Yves meine Hand nimmt. Seine Hände sind das Beste an ihm, runzlig und voller Schwielen, die Hände eines sehr viel älteren Mannes. Manchmal, wenn er mich berührt, spüre ich, dass diese Hände weise sind.

Wir führen fast jeden Tag dieselbe Unterhaltung – über die katastrophalen Zustände im Land, bloß dass wir nicht einmal die Kraft aufbringen, das Wort katastrophal auszusprechen. Abgesehen davon beschreibt es unser Leben nicht, und auch die Traurigkeit in Yves' Gesicht entzieht sich jeder Beschreibung. Sie ist Ausdruck eines ultimativen Kummers, der entsteht, wenn man mitansehen muss, wie das geliebte Heimatland nicht im Ozean versinkt, sondern in sich selbst.

Wir kommen am Markt von Port-au-Prince vorbei. Überall kleben Poster von Aristide und der Fanmi Lavalas, obwohl die Wahlen, eine Übung in Vergeblichkeit, längst vorbei sind. Ein einbeiniger Händler mit geschwollenen Armen bietet mir Tampons für zwölf Dollar an, wedelt mit der zerdrückten, blauweißen Packung in meine Richtung. Ich kann ihm keine Beachtung schenken, weil ein rotgesichtiger amerikanischer Tourist beginnt, uns anzuschreien. Anscheinend möchte er, dass wir ihm den Weg zum Hotel Montana erklären, er hat sich verlaufen, sein Stadtplan ist zerknittert und eingerissen und voller Colaflecken. »Wir sind Haitianer, nicht taub«, sage ich. Der Amerikaner lächelt und entspannt sich, als er seine Sprache hört.

Yves verdreht die Augen und tut so, als sei er vom Angebot eines Kunsthändlers fasziniert. Er erträgt keine übergewichtigen Amerikaner. Bei ihrem Anblick bekommt er Hunger, und der Hunger erinnert ihn an alles, was er lieber vergessen würde. Yves hat in der Schule Englisch gelernt, ich beim Fernsehschauen. *I Love Lucy, Drei Mädchen und drei Jun-*

gen, und meine Lieblingssendung: *Die Jeffersons* mit dem kleinen schwarzen Mann, der geht wie ein Huhn. Als Kind habe ich vor dem Fernseher gesessen und die Dialoge mitgesprochen, bis ich die Aussprache perfekt beherrschte. Jetzt erkläre ich dem rotgesichtigen Touristen einen falschen Weg, weil er mich verärgert hat. Ich spreche langsam und mit einem hoffentlich makellosen amerikanischen Akzent. Der Mann schüttelt mir zu fest die verschwitzte Hand und drückt fünf Gourdes hinein. Als er weitergegangen ist, verzieht Yves die Lippen und sagt, ich solle das Geld wegwerfen, aber ich schiebe mir die verblichenen Scheine in den BH. Wir schlendern über den Markt und tun so, als könnten wir uns etwas Schönes oder etwas Süßes leisten.

Die Hitze in unserem Haus ist erdrückend. Wie immer. Die Klimaanlage im Fenster funktioniert nicht mehr, die täglichen Stromausfälle haben ihr den Rest gegeben. Die Luft ist zum Schneiden dick und weigert sich, uns Platz zu machen. Ich sehe den Schweiß in Rinnsalen über Yves' Gesicht laufen und möchte an einen kühlen, trockenen Ort fliehen. Meine Mutter hat das Essen vorbereitet, Kochbananen und Gemüse, dazu einen Eintopf aus Rindfleisch und grünen Bohnen. Sie ist abgekämpft und verschwitzt, gebeugt, fast gebrochen. Als wir hereinkommen, sagt sie nichts, und auch wir schweigen.

Niemand von uns hätte etwas zu sagen, was nicht schon längst gesagt wurde. Pausenlos starrt sie das Schwarz-Weiß-Foto meines Vaters an, ein kleiner Mann, an den ich keine Erinnerungen habe. Die Tontons Macoutes haben ihn ermordet, als ich fünf Jahre alt war. Nachts träume ich, wie die Miliz meinen Vater aus dem Haus schleift, wie er geschlagen und auf die Ladefläche eines großen grünen Militärlasters geworfen wird. Für ihn war es damit vorbei, für meine Mutter nicht. Manchmal wiegt sie sich vor und zurück und starrt ihn an, bis ihre Augen glasig werden. Ich schaue zu Yves hinüber. Ich weiß, falls ihm etwas passiert, werde ich diejenige sein, die sein Foto betrachtet und sich überlegt, was war und was nie sein wird. Ich begreife das Ausmaß unserer Liebe.

Wir essen hastig, und danach geht Yves hinaus und spült das Geschirr ab. Mein Magen fühlt sich immer noch leer an. Ich lege mir eine Hand an den gewölbten Bauch. Ich möchte mich über meinen Hunger beschweren, sage aber nichts. Ich will ihr Unglück nicht noch schlimmer machen. Yves steht draußen, trocknet sich die Hände und beobachtet mich durch die schmutzige Fensterscheibe. Seine Blicke verraten mir, dass seine Fähigkeit zu lieben sich mit meiner messen kann. Seine Augen sind groß und die Lippen leicht geöffnet, als läge ihm immerzu ein *Ich liebe dich* auf der Zunge. Er lächelt und wendet dann schnell den Blick ab, als verbiete eine unausgesprochene Regel derlei Glücksmomente. Ich stehe seufzend auf, küsse meine Mutter auf die Stirn und massiere sanft ihre Schultern. Sie tätschelt meine Hand, ich ziehe mich in Yves' und mein Schlafzimmer zurück und warte. Ich denke an Yves' Zähne an meinem Hals, an sein Gewicht, das mich in die Matratze drückt. Sex ist eine der wenigen Freuden, die uns geblieben sind. Als Yves endlich ins Bett kommt, ist es schon dunkel. Er kriecht unter das Laken, sein Atem riecht nach Rum. Ich bleibe reglos liegen, bis er an meinem Ohrläppchen knabbert.

Er kichert leise. »Ich weiß, dass du wach bist, Gabi.«

Ich lächele in die Dunkelheit und drehe mich auf die Seite. »Ich warte immer auf dich.«

Er dreht mich sanft auf den Bauch und kniet sich hinter mich, zieht meinen Slip hinunter und küsst meinen Rücken. Seine Hände wandern an meiner Wirbelsäule entlang, und wieder spüre ich ihre Weisheit. Er lässt sich quälend viel Zeit, meinen Körper zu erkunden. Ich recke mich ihm entgegen und spüre seine Lippen an der Rückseite meiner Oberschenkel, und wie er mir mit einem Knie die Beine auseinanderschiebt. Ich versuche, ihn anzusehen, aber er hält meinen Kopf fest und dringt in einer geschickten

Bewegung in mich ein. Ich schnappe nach Luft und erbebe, verschlucke ein Stöhnen. Yves fängt an, sich zu bewegen, stößt tiefer und tiefer, und bevor ich mich hingebe, merke ich, dass das Laken zwischen meinen Fingern zerrissen ist und mein Gesicht nass von Tränen.

Später schmiegt Yves sich an mich, seine verschwitzte Brust klebt an meinem verschwitzten Rücken. Er schiebt seine Hände auf meinen Bauch, ich spüre seinen Atem im Nacken.

»Wir sollten von hier verschwinden«, murmelt er. »Damit ich dich irgendwann so im Arm halten und das Kind in deinem Bauch fühlen kann.«

Ich seufze. Wir haben einander versprochen, kein Kind in diese Welt zu setzen – ein weiterer Kummer auf einem ganzen Kummerberg, den wir gemeinsam angehäuft haben. »Wie oft wollen wir dieses Gespräch noch führen? Wir werden uns die Flugtickets niemals leisten können.«

»Aber ein Leben hier auch nicht!«

»Vielleicht sollten wir einfach ins Meer gehen.« Yves' Körper versteift sich, ich drücke seine Hand. »Das war nicht ernst gemeint.«

»Freunde von mir haben von einem Boot nach Miami erzählt. Übernächste Woche.«

Auch dieses Gespräch führen wir zu oft. Viele unserer Freunde haben versucht, per Boot zu fliehen.

Einige haben es geschafft, die meisten aber nicht, und viele haben unterwegs kehrtgemacht, weil die Seemeilen zwischen Haiti und Miami in Wirklichkeit länger sind, als es die blaue Lücke auf der Landkarte erahnen lässt. »Sie werden mit dem Boot aufs Meer rausfahren und dort sterben.«

»Nein, dieses Boot wird durchkommen«, sagt Yves überzeugt. »Sie nehmen einen Priester mit.«

Ich schließe die Augen. Ich versuche durchzuatmen, ich sehne mich nach frischer Luft. »Weil Gott schon hier an Land so viel für uns getan hat?«

»Sag nicht so was.« Er überlegt. »Ich habe ihnen gesagt, dass wir mitkommen.«

Ich drehe mich um und versuche, sein Gesicht im Mondlicht zu erkennen.

Yves packt mich bei den Schultern und lässt erst los, als ich winsele. »Es ist unsere einzige Möglichkeit. Agwe wird dafür sorgen, dass wir sicher nach Miami kommen, und dann können wir zum South Beach und nach Little Haiti gehen und Kabelfernsehen schauen.«

Ich verziehe angewidert den Mund. »Du willst dich in die Hände des Gottes begeben, der uns hier auf dieser elenden Insel gefangen hält?«

»Wenn wir fortgehen, werden wir endlich erfahren, wie es ist, richtig durchzuatmen.«

Mein Herz hört auf zu schlagen, und das Zimmer

ist plötzlich eine große Echokammer. Ich kann Yves'
Herz hören, nicht aber meins. Ich kann mir Yves'
Gesicht unter der Sonne von Miami vorstellen. Ich
werde ihm folgen, wohin er auch geht.

Ich wache auf, blinzle und muss mir sofort die
Augen bedecken. Erbarmungsloses Sonnenlicht fällt
auf unsere Leiber. Die Sonne kennt hier keine Gnade.
Meine Mutter steht am Fußende des Betts und hält
das Schwarz-Weiß-Foto meines Vaters in der Hand.

»Mama?«

»Die Wände sind dünn«, flüstert sie.

Ich betrachte meine Hände. Sie sind über Nacht
gealtert. »Stimmt irgendwas nicht?«

»Gabrielle, du musst mit Yves mitgehen«, sagt sie
und reicht mir das Foto.

Ich mustere das Porträt und versuche, die Form
meiner Augenbrauen oder meiner Nase im Gesicht
meines Vaters wiederzuerkennen. Als ich aufblicke, ist meine Mutter verschwunden. In den folgenden zwei Wochen arbeite ich, während Yves Aushilfsjobs erledigt und auf der Suche nach Vorräten,
die wir seiner Meinung nach brauchen werden, die
Stadt durchstreift. Ich lasse mir nichts anmerken,
räume meinen Schreibtisch auf, öffne die Post meines Chefs und tratsche mit meinen Kolleginnen. Ich
träume von Miami, wo Yves und ich niemals hungrig oder müde oder verängstigt sein werden, nichts

von dem, was wir hier ständig sind. Ich erzähle niemandem von unserem Plan, gleichzeitig wünsche ich mir, jemand würde uns an all die Unwägbarkeiten zwischen hier und dort erinnern und uns aufhalten.

Nachts lieben wir uns bis zur Erschöpfung. Wir machen uns keine Mühe mehr, leise zu sein. Ich tue Dinge, die ich früher nie gewagt hätte, aber immer ausprobieren wollte. Die Fluchtpläne wirken jetzt schon befreiend. An einem Abend drei Tage vor der Abreise liegen Yves und ich im Bett und haben Sex. Wir sind weder laut noch leise. Yves legt eine Hand an meinen Hinterkopf und drückt mich sanft seinem Schwanz entgegen. Zuerst sträube ich mich, aber seine Lust ist zu groß und seine Finger krallen sich in mein Haar und halten mich fest. Ich bekomme kaum noch Luft, aber es ist auch aufregend; ich werde feucht, als er mich vorsichtig anleitet, fester zupackt und schneller atmet. Plötzlich hält er inne, dreht mich auf den Bauch, krallt die Finger in meine Hüften und zieht meinen Hintern in die Höhe. Ich stütze die Stirn auf meine Unterarme und beiße die Zähne zusammen. Ich lasse zu, dass Yves in mich eindringt, sich vor und zurück wiegt und im Dunkeln die furchtbarsten Sachen flüstert. Ich spüre so viel Lust, und so viel Schmerz. Ich weiß nur eins, ich will mehr – mehr von diesem dumpfen

Schmerz und dem heißen Kribbeln, mehr von diesem Gefühl, jeden Moment in Stücke gerissen zu werden. Yves sagt meinen Namen, und seine Stimme zittert so sehr, dass es mir das Herz zusammenzieht. Es tut gut zu wissen, dass er mich ebenso begehrt und dass mein Körper, der sich an seinen klammert, ein Balsam für ihn ist.

Danach liegen wir nebeneinander. Unsere Glieder sind schwer. Yves erzählt mir mit einer solchen Selbstverständlichkeit von South Beach, als hätte er sein ganzes Leben dort verbracht; an einem Ort, wo reiche, schöne und berühmte Menschen Salsa tanzen und in schicken Restaurants mit Meerblick essen. Er erzählt von teuren Autos, die nie eine Panne haben, und von Arbeit für jeden; von guten Jobs, die ihm, dem Ingenieur, angeboten werden, während ich tun und lassen kann, was ich will. Er erzählt von Little Haiti, einem Viertel, das ist wie unser Land, nur besser, weil die Klimaanlagen funktionieren und es Kabelfernsehen gibt. Das Kabelfernsehen ist ein fester Bestandteil unserer Unterhaltungen. Wir sind von der Überfülle fasziniert. Yves erzählt, und ich spüre seine Anspannung; er zittert fast vor Vorfreude. In den vergangenen zwei Wochen hat er öfter gelächelt als in den drei Jahren seit unserer Hochzeit, oder in den vierundzwanzig Jahren, die wir uns nun kennen. 178 Ich lächle ebenfalls, denn ich muss glauben, dass dieser idyllische Ort existiert. Ich höre zu, obwohl ich meine Zweifel habe, und weil ich nicht weiß, was ich sagen soll.

Das Boot wird im Schutz der Nacht ablegen. Am Tag der Flucht beende ich meine Arbeit wie gewohnt, ich schalte Lampen und Computer aus, lächle dem Wachmann zu und verabschiede mich bei allen mit einem »Bis morgen«. Jedes Mal, wenn ich meinen Arbeitstag beende, wird mir klar, was für ein seltsames Land Haiti ist. Es gibt Büros mit Internet, Computern, Faxgeräten und Kopierern, aber die Leute, die dort arbeiten, wohnen in Hütten ohne jeden Komfort. Es ist, als lebten wir in zwei verschiedenen Zeitaltern gleichzeitig. Yves steht draußen und wartet auf mich, wie jeden Tag, außer dass er heute seine gute Stoffhose und ein Hemd trägt, und die Schuhe, mit denen er sonst nur in die Kirche geht. Sein bestes Outfit, wenn auch leicht abgewetzt. Aus einer seiner Hosentaschen baumelt die alte Krawatte seines Vaters. Auf dem Heimweg reden wir nicht. Wir halten Händchen, und der Druck seiner Finger ist so stark, dass meine Ellenbogen kribbeln. Aber ich sage nichts, weil ich weiß, er muss sich irgendwo festhalten.

Ich möchte mich in eine der Zuckerplantagen schleichen, an denen wir vorbeilaufen, ich möchte die alten, schwitzenden, dreckigen Männer mit den

Macheten ignorieren und eine einsame Stelle finden und Yves bitten, mich da und dort zu nehmen. Ich möchte die Erde an meinem Rücken spüren und das Zuckerrohr, wie es mir die Haut zerschneidet. Ich möchte mein Blut auf dem Boden und meine Schreie in der Luft hinterlassen, bevor wir nach Hause gehen; Yves' Samen soll an meinen Schenkeln kleben, meine Kleidung und mein Verhalten das intime Wissen verbergen. Aber so ein Benehmen ist vollkommen unangemessen, oder wenigstens war es das bis jetzt. Ich werde mir meiner Gedanken bewusst, mein Gesicht fängt an zu brennen, und ich gehe schneller. Ich habe mich in sehr kurzer Zeit sehr verändert.

Meine Mutter hat sich ebenfalls verändert. Ich würde nicht sagen, dass sie glücklich wirkt, aber der Kummer, der sonst ihre Züge vernebelt, hat sich verzogen; es ist, als hätte sie sich von ihrem eigenen Schatten gelöst und an einem dunklen, geheimen Ort versteckt. In den vergangenen zwei Wochen haben wir mehr geredet als in den vergangenen zwei Jahren. Wir werden ihr schreiben, und eines Tages werden Yves und ich genug Geld gespart haben, um sie nach Miami zu holen, auch wenn nichts die riesige Lücke zwischen jetzt und dann wettmachen kann.

Als wir zu Hause ankommen, sind wir schweißnass. Ja, es ist heiß, aber heute ist unser Schweiß ein

anderer. Er stinkt nach Angst und unerträglicher Anspannung. Wir sehen einander in die Augen, als wir
über die Schwelle treten, und wir sind uns der Tatsache bewusst, dass wir alles zum letzten Mal tun.
Meine Mutter geht murmelnd in der Küche hin und
her. Unsere Koffer stehen neben dem Tisch, und alles
wirkt so unschuldig, als planten wir eine Reise aufs
Land und nicht über einen ganzen Ozean. Die Vor-
stellung, einen Ozean zu überqueren, will mir immer
noch nicht in den Kopf. Ich kenne nichts als diese
Insel und das flache Wasser, in das ich manchmal
am Strand hinauswate. Haiti ist keine perfekte Heimat, aber dennoch eine Heimat.

Gestern Abend hat Yves zu mir gesagt, er wolle
niemals wiederkommen und niemals zurückbli-
cken. Wir lagen im Bett, ich hatte meine Beine um
seine geschlungen und meine Lippen an sein kanti-
ges Schlüsselbein gedrückt. Ich brach in Tränen aus.

»*Chère*, was ist denn?«, fragte er und wischte mir
mit den Daumen die Tränen aus dem Gesicht.

»Ich mag es nicht, wenn du so redest.«

Er versteifte sich. »Ich liebe mein Land und mein
Volk, aber ich kann den Gedanken nicht ertragen, an
einen Ort zurückzukehren, wo ich weder arbeiten
noch mich wie ein Mann fühlen kann. Ich bekomme
ja kaum Luft. Ich meine das nicht als Vorwurf, aber
ich glaube, du wirst das nie verstehen können.«

Ich wollte widersprechen, aber als ich mit pochenden Schläfen dalag, wurde mir klar, dass ich wahrscheinlich wirklich nicht verstehen konnte, wie ein Mann sich in diesem Land fühlen muss, wo ihm unerfüllbare Erwartungen aufgebürdet werden. Auch an die Frauen werden Erwartungen gestellt, aber wir haben es auf eine merkwürdige Weise leichter. Es liegt in unserer Natur zu tun, was man von uns erwartet, im Guten wie im Schlechten. Und doch gibt es Momente, wo wir es nicht leichter haben, der Moment zum Beispiel, als ich Yves vorschlagen wollte, zu bleiben und für eine bessere Zukunft zu kämpfen, bei unseren Lieben zu bleiben, einfach nur zu bleiben.

Ich habe ein wenig Geld für meine Mutter gespart. Angefangen hatte es mit den fünf Gourdes von dem rotgesichtigen Amerikaner, und dann fast mein gesamtes Gehalt und alles, was ich sonst zusammenkratzen konnte. Die Summe kann ihr den Verlust von Tochter und Schwiegersohn nicht ersetzen, aber ich habe nicht mehr. Sobald wir weg sind, wird sie zu ihrer Schwester nach Petit-Goâve ziehen. Ich bin froh darüber. Ich könnte den Gedanken nicht ertragen, dass sie hier Tag für Tag allein in dem kleinen, stickigen Haus sitzt.

Ich gehe langsam durch die Räume und präge mir jedes Detail ein, lege eine Hand an die Wände,

zeichne die Risse im Boden mit Zehenspitzen nach.
Yves gibt sich nüchtern und geschäftig, er macht
unser Bett, kauft ein paar Lebensmittel für meine
Mutter ein und versteckt unsere Reisepässe im Fut-
teral seines Koffers. Meine Mutter schaut zu, wir
schweigen. Aus unerfindlichem Grund wäre der
Klang einer Stimme jetzt unerträglich. Um kurz
nach Mitternacht ist es so weit. Meine Mutter
drückt Yves' Hände mit kleinen, runzligen Fingern.
Sie bittet ihn, auf mich aufzupassen, und auf sich.
Er versichert ihr mit brüchiger Stimme, dass wir
nicht lange getrennt sein werden. Sie drückt mich
an sich, bis meine Arme taub werden. Ich küsse sie
auf den Kopf und verspreche, ihr zu schreiben, sobald wir in Miami angekommen sind; ihr jeden Tag
zu schreiben und sie so bald wie möglich nachzu-
holen. Ich mache viele Versprechen, mehr, als ich
halten kann.

Und dann sind wir weg. Wir drehen uns nicht
noch einmal um. Wir weinen nicht. Yves trägt die
Koffer, und bald haben wir einen einsamen Strand
erreicht, an dem schon dreißig andere warten. Sie
sehen so verängstigt aus wie wir. Da ist auch ein
Boot, groß und viel stabiler, als ich es mir vorgestellt
hatte. Ich hatte Albträume von Booten aus dünnem,
morschem Holz, die Leck schlagen und im Meer ver-
sinken, und nichts bleibt zurück als das hohle Echo

der Schreie. Yves grüßt seine Freunde, bleibt aber an meiner Seite. »Jetzt geht es aufwärts mit uns«, spöttele ich, und Yves lacht laut. Ich sehe auch den Priester, von dem Yves mir erzählt hatte und der die Überfahrt segnen wird. Er ist anscheinend nur wenige Jahre älter als wir und wirkt so jung, dass es wehtut. Er hat nichts als einen kleinen Rucksack dabei und seine Bibel ist so zerlesen, dass die Seiten aussehen, als würden sie bei der leisesten Berührung herausrieseln. Mit fester, ruhiger Stimme bittet er uns ins Boot. Unter Deck befinden sich mehrere kleine Kabinen, Yves weiß offenbar, welche unsere ist. Mir wird klar, dass er sehr viel Geld in unsere Reise investiert haben muss. Er steht neben dem schmalen Bett und verschränkt schüchtern die Arme, in seinem Gesicht einen Ausdruck, den ich noch nie gesehen habe. Seine Augen glänzen feucht, er reckt stolz das Kinn vor. Ich werde unsere Entscheidung nie bereuen, egal, was geschieht. Mein Leben lang habe ich darauf gewartet, meinen Ehemann so zu sehen. Ich sehe ihn zum ersten Mal.

Später an Deck beuge ich mich über die Reling und spucke das wenige an Essen, das ich im Magen hatte, ins Meer. Selbst hier draußen ist die Luft heiß und drückend. Wir sind immer noch in der Nähe von Haiti. Ich hatte gehofft, dass wir gleich nach dem Ablegen frische, kühle Luft atmen würden. Zwischen den Übelkeitsanfällen hält Yves mich im Arm und verspricht mir, die Übelkeit gehe bald vorbei und sei ein geringer Preis für das, was uns erwartet. Ich habe genug von Versprechungen, aber im Moment sind sie alles, was wir haben. Ich sage ihm, er solle mich in Ruhe lassen, was ihn verletzt, aber ich kann mich nicht um ihn kümmern, bevor ich mich um mich selbst gekümmert habe. Ich streife seine Fingerknöchel mit meinen Lippen und bitte ihn, unten in der Kabine auf mich zu warten. Er entfernt sich widerwillig. Sobald ich allein bin, schließe ich die Augen, atme das Meersalz ein und hoffe, den Geruch der drückenden Luft zum letzten Mal in der Nase zu haben.

Ich denke an meine Eltern und überlege mir, dass ich meinem Vater vielleicht nie näher war als hier auf diesem Boot; vielleicht kann ich nur hier begreifen, was er sich für seine Familie gewünscht hat. Ich möchte nichts weiter als Frieden. Ich wische mir mit dem Handrücken über den Mund, ignoriere den intensiven Gallegeschmack in meiner Kehle und gehe unter Deck, wo Yves auf dem Bett sitzt und sich die Stirn reibt.

Ich lege ihm eine Hand in den Nacken. Seine Haut ist warm und feucht. »Was ist los?«

Er hebt den Kopf, sieht mich aber nicht an. »Ich mache mir Sorgen um dich.«

Ich stoße ihn aufs Bett und setze mich rittlings auf ihn. Er schließt die Augen, und ich streiche ihm mit Fingern über die Lider. Seine langen, gebogenen Wimpern kitzeln mir auf der Haut. Er ist ein schöner Mann, was ich ihm aber nicht sage. Er würde es falsch verstehen. Seltsam, wie sehr sich manche Männer vor ihrer eigenen Schönheit fürchten. Ich hebe sein Kinn mit einem Finger und fahre ihm mit der Zunge über den Mund. Seine Lippen sind aufgesprungen, aber weich. Er hält sich mit zitternden Händen an meinen Schultern fest, und ich bin selbst erstaunt, wie viel wir uns ganz ohne Worte sagen können. Hastig streifen wir unsere Kleidung ab, er schiebt sich zwischen meine Beine. Das Gefühl seiner angespannten Muskeln an meiner Haut ist überwältigend, ich zittere am ganzen Leib.

Ich schiebe ihm meine Zunge zwischen die Lippen, und sein Geschmack ist so vertraut und köstlich, dass ich schwach werde. Ich lasse mich auf ihn sinken und küsse ihn so leidenschaftlich, dass ich wunde Lippen davon bekommen werde. Ich will es nicht anders. Yves macht sich los, küsst stürmisch mein Kinn und meinen Hals und schlägt die Zähne in meine Haut. Ich stöhne heiser und werfe den Kopf zurück. Mein Hals pocht, ich weiß, auch dort werden morgen dunkle Flecken zu sehen sein. Er gräbt seine Zähne tiefer ein, und ich kann die feine Trennlinie zwischen Lust und Leid nicht mehr erkennen. Aber gerade, als ich ihn anflehen will, hört er auf, leckt sanft über die frischen Wunden und murmelt zärtliche Worte. Solche Härte gefolgt von solcher Sanftmut lässt mich erschaudern.

Meine Brüste liegen schwer in Yves' Händen, er neigt den Kopf und saugt daran. Er sieht mich an, und ich weiß nicht genau, ob er Erregung sucht oder Trost, für sich und für mich. Weil ich den Anblick nicht ertrage, stütze ich das Kinn auf seinen Kopf, umarme ihn und bewege langsam die Hüften vor und zurück. Ich will ihn in mir spüren, doch ich lasse mir Zeit. Dieser Moment, was immer er auch bedeutet, verlangt Geduld.

Yves ergreift meine Knie, spreizt sie und drückt sie nach oben, bis sie fast mein Gesicht berühren. Ich stemme die Fußsohlen gegen seine Schultern und erbebe, als er sich in mich hineinschiebt. Ich spüre ihn in seiner ganzen pulsierenden Länge, spüre, wie seine Schweißtropfen auf meine Haut und in meine Augen fallen, wo sie sich mit meinen Tränen mischen; spüre seine Anspannung, als ich seinen breiten schwarzen Rücken zerkratze. Morgen wird auch er blaue Flecken haben.

»Na los«, sage ich.

Er stößt mich immer fester und schneller. Wir sind gierig. Ich erkenne ihn nicht wieder. Ich bin dankbar. Ich schreie, die Laute sind furchtbar. Ich spüre etwas Nasses an meinem Arm – Yves' Tränen. Ich bin innerlich wund, aber Yves soll nie wieder aufhören.

Mit jedem Stoß bringt er mich weiter weg von zu Hause, hin zu einem kühlen, trockenen Ort.

Danksagung

Die Erzählungen in diesem Band wurden zuvor in den folgenden Zeitschriften abgedruckt: *deComP, Quick Fiction, Pinch, Guernica, Necessary Fiction, Weave, Caribbean Review of Books, trnsfr, Best Lesbian Erotica 2003* und *Best American Erotica 2004*. Ich bin den Herausgeber*innen dieser hervorragenden Zeitschriften und Anthologien zu besonderem Dank verpflichtet.

Dieses Buch würde es nicht ohne meine Eltern geben, Michael und Nicole Gay, die mich und meine Brüder dazu erzogen haben, unsere Heimat zu kennen und zu lieben. Über Haiti und die haitianisch-amerikanische Erfahrung schreibe ich in dem Bewusstsein, sehr privilegiert zu sein, aber auch mit großem Stolz. Ich danke Maria Massie, meiner unermüdlichen Agentin. Wie immer danke ich meinem wunderbaren Freundeskreis, der meine Arbeit so zuverlässig unterstützt. Und meiner besten Freundin Tracy Gonzalez, die wahrscheinlich schon gelangweilt ist von so viel Dank und der ich trotzdem immer wieder danken werde. Sie weiß, warum. (Außerdem hatte sie recht.)

Die Originalausgabe erschien erstmals 2011 unter dem
Titel »Ayiti« bei Artistically Declined Press, USA. Die
Originalausgabe der vorliegenden Ausgabe erschien 2018
unter selbigem Titel bei Grove Atlantic, New York.

Penguin Random House Verlagsgruppe FSC® N001967

1. Auflage
Deutsche Erstausgabe Januar 2024
btb Verlag in der Penguin Random House Verlagsgruppe
GmbH, Neumarkter Str. 28, 81673 München
Copyright © der Originalausgabe 2011, 2018 Roxane Gay
Copyright © der deutschsprachigen Ausgabe 2024
btb Verlag in der
Penguin Random House Verlagsgruppe GmbH
Umschlaggestaltung: semper smile | München
nach einem Entwurf von © Grove USA unter Verwendung
eines Fotos von © Offset/Lyn Hui Ong
Druck und Einband: Nørhaven A/S, Viborg
MSP · Herstellung: sc
Printed in Denmark
ISBN 978-3-442-77414-2

www.btb-verlag.de
www.facebook.com/penguinbuecher